自然災害と大移住
——前代未聞の防災プラン

児井正臣

幻冬舎ルネッサンス新書
218

口絵　J.タネダ

はじめに

今の日本にはさまざまな危機が迫っている。人口減少が進み、人が住まなくなった土地や家がどんどん増え、多くのまちが衰退に向かい、経済活動を低調にしている。一方近年地震や豪雨などの自然災害の頻度や激しさが増し、危険地域が増えて来ている。それならば危険地帯に住む多くの人に膨大な量の空き家に移住してもらいまちを復活させながら、災害に強い国土に改造して行こう、それも個人ベースで行うのではなく10万人とか100万人という単位を組織的に移住させるのが良い。そう考えその進め方を提案するのが本書である。

国立社会保障・人口問題研究所の中位推計（平成29年）では2065年の日本の総

人口は約８８０８万人となっている。しかし昨年1年間の新生児数が予想よりも2年早く90万人を切ってしまったのでもっと減りそうだ。さまざまな少子化対策が進められているが、おそらくそれで増える子供の数はそう多くはないだろうし、それを実行するための金も人材も不足している。だからこれからの日本は、さまざまな施策を人口減を前提に進めなければならないはずだ。

また自然災害だが、これはある程度過去の記録をもとに予測を立てることができるし、その精度を高めるために金や人をつぎ込むことは今後とも続けてほしい。しかしそれでも被害は避けられない。被害を少なくする施策も各地で進められているが、究極的なものは、災害が発生しそうなところには人が住まないようにすることだ。移住先は大量に発生している空き地、空き家とし、それらは今後も増え続けそうなので、危険地帯に住む人を十分に受け入れることができるはずである。

そして人が住まなくなった地域を遊水地にするなど自然に戻す。これは場合によっては地図を書き換えるほどの国土の再開発である。これは大量の移住景気とともに経済の低調から抜け出す道にもなるだろう。

日本の国土や自然環境のもとで、安全で、先進主要国並みの経済活動ができ、さらに国民の幸福度を維持するには、おそらく人口は7~8千万人くらいが望ましいのではないかと筆者は思う。そしてヨーロッパ主要国並みの高負担・高福祉の国になることこそ、将来の日本の理想の姿だと思う。

そのような考えに沿って、

[1] 大移住のすすめ　では、地震や洪水被害の発生頻度が増し、被害が拡大している現状を述べ、さまざまな防災策が考えられるが、究極の解決策は危険地域から移住するしかなく、ケースとして東京の江東5区の遊水地化など4ケースについて述べる。

[2] **増えすぎた空き家** では、わが国の空き家が増え続けている理由、それを放置することのリスクについて述べ、自然災害危険地帯に住む人の移住先として有効活用することにより、まちの再活性化からスマートシティ化が期待できることを述べる。

[3] **実現可能性を探る** では、それを国レベルで、国の専門機関が推進する方法について提案する。

[4] **日本の経済を蘇らせよう** では、昭和後半の高度成長がなぜ平成で停滞したのかの理由を述べ、この提案が再び成長に向かわせるニューディール政策のようなものになるかも知れないことを述べる。

繰り返すが、今の日本は大胆な発想で、やり方を変えることによってしか再浮上はないと思っている。経済の発展を続けながら、すなわち1人当たりGDPを増やしながら、自然災害からも逃げつつ、将来の夢をもちながら幸福に暮らす方法があるはずで、それが筆者の考える大移住作戦である。

ひとりでも多くの賛同者があり、次世代へ続くリーダーシップをもつ若者の登場を期待するところ大である。

自然災害と大移住
——前代未聞の防災プラン

目次

［1］大移住のすすめ

大移住のすすめ

日本は自然災害の多発地帯にある。地球は十数枚のプレートに覆われており、このうちユーラシア、北米、太平洋、フィリピン海の4つのプレートの境界が集まったところに日本列島がある。だから地震と火山噴火が多い。近年世界で発生するマグニチュード6以上の地震の1割以上は日本で発生している（図1－1）。

また太平洋に面した弧状列島であることから台風の直撃や、最近は異常気象による風水害、さらには豪雪も多い。特に台風については、毎年30近く発生しているが、そのうち半数は日本に接近し、さらに10％以上が上陸している（図1－2）。

そして山が多く平野が少ない。そのような日本列島によくこれだけたくさんの人が住んでいるものだと思う。

マグニチュード	世界	日本	
	(1990年以降)	(2001-2010年)	(2011年のみ)
M8.0以上	1	0.2	1
M7.0 − 7.9	17	3	8
M6.0 − 6.9	134	17	107
M5.0 − 5.9	1,319	140	665
M4.0 − 4.9	約13,000	約900	−
M3.0 − 3.9	約130,000	約3,800	−

日本では2001年からの10年間にM8.0以上の地震は２回起きている
2011年は３月11日の「東北地方太平洋沖地震」とその余震活動の影響もあり
その前10年間の年間平均を大きく上回っている。

気象庁ＨＰ記載の数字から作成

図１-１　世界と日本の年間平均地震回数

明治維新の頃の日本の総人口は３４００万人程度だったが、それは適度の気温と降雨量による豊かな植生がそのくらいの人口を養うのに十分な食料を供給できていたからだったのだろう。今次大戦に向かい兵力として「産めよ、増やせよ」政策が続き、敗戦で多くが亡くなったものの、終戦時１９４５年にはおよそ７２００万人と倍以上になった。その後さらに増加を続け、２００８年には約１億２８００万人となった。もちろん食料やエネルギー資源の自給はできず、かなり多くを輸入に頼っている。人口はこの年をピークに減少に転じているのだが、よくこれだけの人口を抱えているものだと思う。

そして自然災害だが、最近その規模が年々大き

年	発生数	接近数		上陸数	
		数	率	数	率
1956－60年平均	25.2	13.4	53.2%	3.2	12.7%
1961－65年平均	29.8	12.8	43.0%	3.4	11.4%
1966－70年平均	29.2	11.8	40.4%	3.2	11.0%
1971－75年平均	28.2	9.4	33.3%	2.6	9.2%
1976－80年平均	24.8	9.8	39.5%	2.2	8.9%
1981－85年平均	26.2	10.4	39.7%	2.4	9.2%
1986－90年平均	28.8	12.0	41.7%	2.8	9.7%
1991－95年平均	29.4	11.4	38.8%	3.2	10.9%
1996－00年平均	23.0	11.8	51.3%	2.4	10.4%
2001－05年平均	25.0	13.4	53.6%	4.0	16.0%
2006－10年平均	21.0	9.2	43.8%	1.6	7.6%
2011－15年平均	25.4	13.2	52.0%	3.0	11.8%
2016年	26	11	42.3%	6	23.1%
2017年	27	8	29.6%	4	14.8%
2018年	29	16	55.2%	5	17.2%
2019年	29	15	51.7%	5	17.2%

熱帯の海上で発生した低気圧のうち、最大風速（10分間平均）が17.2m/s以上となったものを「台風」と呼ぶ。

国際的には東アジア周辺の太平洋(赤道以北、東経180度以西)で発生し最大風速が33m/s以上のものをタイフーンと呼ぶ。

インド洋及び南太平洋で発生するものをサイクロン、大西洋及び太平洋（赤道以北、東経180度以東）で発生するものをハリケーンと呼ぶ。

接近：台風の中心が各地域の気象官署等から300km以内に入った場合
上陸：台風の中心が北海道、本州、四国、九州の海岸線に達した場合

気象庁ＨＰ記載の数字から作成

図1-2　台風の発生・接近・上陸件数

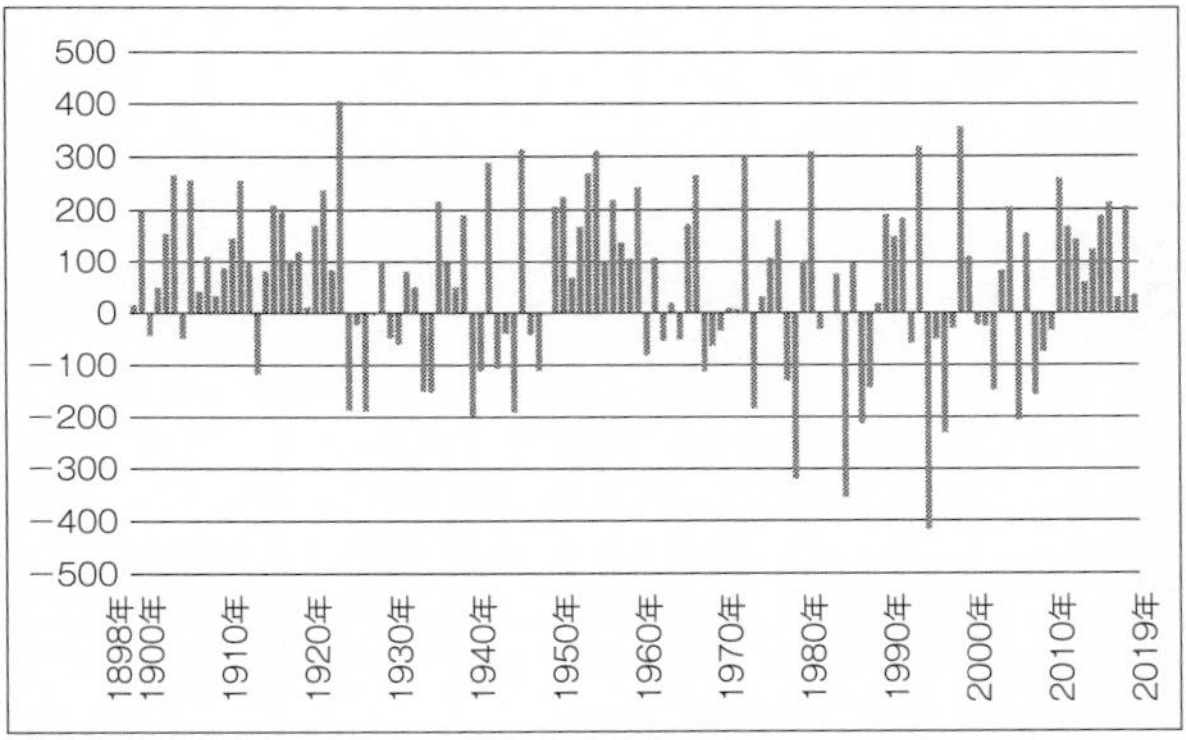

気象庁ＨＰ記載の数字から作成

図1-3　日本の年間降水量偏差の経年変化
日本の降水量の基準値（1981～2010年の30年平均値）からの差 単位：mm

くなってきている。台風の上陸数も増え、ここ10年間の年間降水量も過去の平均より多く、特にここ数年は50年に一度とか１００年に一度、或いは観測史上始まって以来の豪雨とかいう表現をよく耳にする（図1-3）。

　また地震については、研究が進み海溝型地震についてはある程度周期性があることがわかり、南海トラフの地震が30年以内に70％の確率で発生するといわれている。しかし首都圏直下型地震などは明日にも発生するかも知れず、島嶼《とうしょ》部を除く東京については震度6以上のものが大正時代の関東大地震以来100年近く起きていないのが不気味である。

自然災害に対しては、日本列島の位置という自然から与えられた宿命とでもいうべきものがあるが、日本ではそれをさらに大きくしているものがある。それは危険なところに多くの人が住んでいることであり、そのなかでも東京一極集中が過度になっていることである。もちろん誰もが好んで危険地域に住んでいるのではなく、そういうところに住まざるを得ない理由がさまざまあったし、また一極集中にならざるを得ない理由もさまざまあった。

この問題は以前から多く指摘されており、是正のための多くのアイデアはあるもののなかなか進まない。それどころかいまだに東京都の人口が増え続けている。一方で日本の人口減少が始まり、それが加速化し、地方都市や山間、離島などは急速な人口減が進んでいる。そういうところに東京の人を移せば良いではないかと誰でも考えるが、それが現実には進まない。

でも自然災害による危機が迫ってくるなか、そういつまでも手を拱《こまね》いているわけには行かない。こういうことは常識にとらわれない、思い切った、とんでもない発想が必要である。そのような発想から、東京の江東5区については全面的な移住と跡地の遊水地化を、大河川流域の危険地域も同様の移住を、土砂災害対応として広島市には都市規模の半減化を提案するとともに、地震の影響を少しでも減ずるための東京の一極集中是正、そのための大企業の本社移転を提案する。

1：東京ゼロメートル地帯を遊水地に

大雨による洪水災害がここ数年全国でひどくなってきている。気象庁のデータでは、「滝のように降る」とされる1時間降水量が50ミリ以上の雨の平均年間発生回数が、国内で2010～19年は統計を取り始めた1976～85年の約1・4倍に増えている（図1－4）。

ただし過去にもこのような天候が「荒れる」ことや、逆に日照りが続き干ばつが続いたりしたことは、古今東西記録には多く残されている。だから地球の歴史から言えば、このように「荒れる」ことの方が通常状態で、逆に高度成長期と言われていた戦後の何十年かが、地球や日本列島では例外的な、安定していた時代だったのかも知れない。

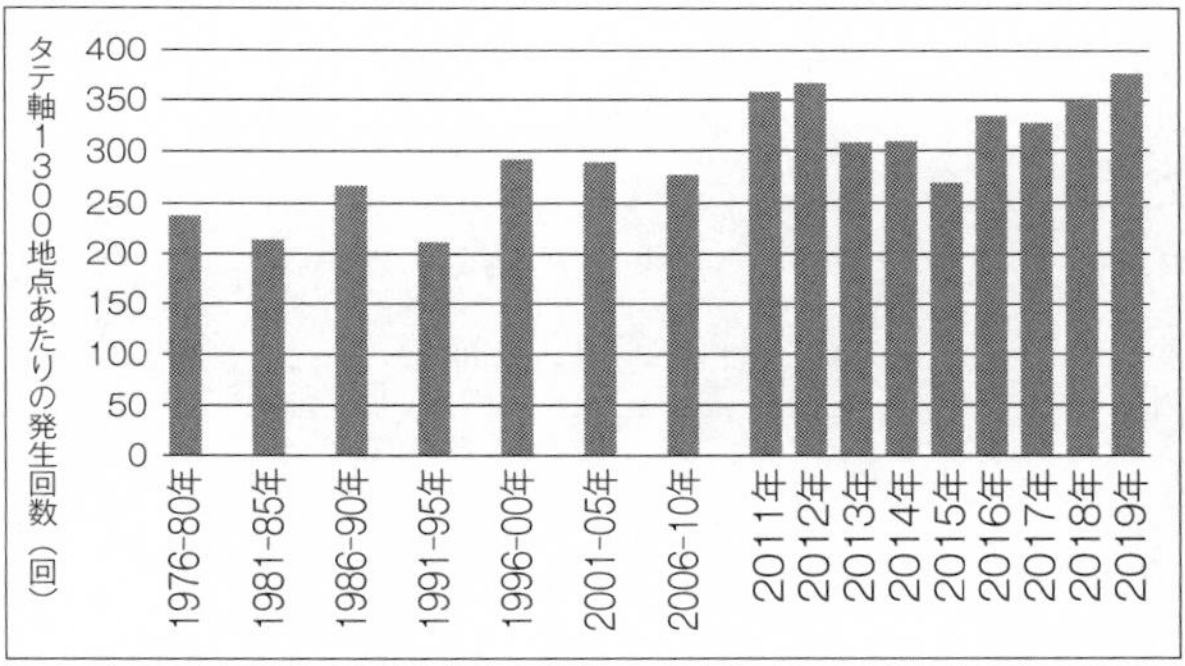

全国の1時間降水量50mm以上の年間発生回数は増加している。特に最近10年間の平均年間発生回数は、統計期間の最初の10年間（1976～1985年）の平均と比べて約1.4倍に増加している。

気象庁ＨＰ記載の数字から作成

図1-4　全国の1時間降水量50mm以上の年間発生回数の経年変化

しかし被害が大きくなったのは人口が増え、人の住むエリアが広がったことや、狭い地域に過密な状態で住むようになったからでもある。そもそも人も住まず田畑もないようなところならば川が氾濫しても土砂崩れがあっても被害はない。川の氾濫が起きるような場所には、すなわち自然災害リスクの高い所には人間は住まないものだったが、今はそうではない。なぜそのようなところに住むようになったのだろうか。

　ひとつはもともと安全だと思われていたところが危険になってきた

ケースで、河川や潮流による浸食が長い年月続くことで徐々に地盤が沈下したり脆くなるなどの自然の変化によるものがある。また人が自然に手を加えることによって危険になったものもある。地下水汲み上げによる地盤沈下がその最たるものだが、ダム建設や河川改修などといった、農地の確保や灌漑《かんがい》、洪水調整などを目的に行った自然改良も、地域によっては逆にリスクが高まったということもある。さらに近年、地球温暖化による海面上昇で、高潮などのリスクが高まったこともある。

そしてもうひとつは、近年最初からリスクのあったところに人が住むようになったことだ。人口が増え、核家族化が進み、大勢の人が新たに住む場所を見つけなければならなくなったときに、手ごろなコストで住居を定めようとすると、自然災害上危険なところにも住まなければならなくなることもあった。戦後の高度成長期には、たまたま気候も安定していて大きな自然災害が少なかったせいか、あまりそのことに考慮が払われなかったのかも知れない。

そのような危険地域で過ごすには、堤防を高くしたり、排水能力を増強したり、さらには浸水したときのための高床の家を建てたり、移動用のボートを備えるなど数々の対策が必要になるが、どこまでそれを行ったらいいかはなかなかわからない。それに個人にしても行政にしてもかなりの金がかかる。普通のところに住む以上に、余計なコストや手間がかかるのである。それを避けるには、そのようなところには住むのをやめることしかない。

そのような危険地域のひとつが、いわゆる東京ゼロメートル地帯と言われている隅田川の東、墨田、江東、足立、葛飾、江戸川の5区である。ここに住む人たちに安全な場所へ移住してもらい、跡地を遊水地とすることを提案する。足立区の一部を除き、これらの地域では高潮や荒川の氾濫などで床上浸水が懸念され、災害時の浸水の深さは最大10メートル、1～2週間は水が引かないと言われている。ここに今130万世帯、260万人が暮らしているが、原則すべての人に移住してもらうのである（図1-5）。移住先は、いま大量に発生していて一方で問題になっている都内や近隣県の空き家である。

江戸川区のハザードマップによると、江戸川区は荒川や江戸川など大河川の最下流

単位：人

	世帯数	人口	人数／世帯
墨田区	147,988	268,898	1.8
江東区	262,988	513,195	2.0
足立区	340,383	685,447	2.0
葛飾区	229,819	460,423	2.0
江戸川区	338,263	695,366	2.1
合計	1,319,441	2,623,329	2.0

2018.01.01住民基本台帳より

図1-5　5区の世帯数と人口

に位置していて、巨大台風や大雨による河川氾濫や高潮により排水が間に合わなくなり「区のほとんどが水没する」、だから「ここにいてはダメ」と書かれている。とは言え、災害時に実際に避難先があるのか、交通機関が計画運休されたときにはどうやってそこまで行くのかなどを考えると、お手上げのように思える。区までがそう言っているのだから、もうこれ以上護岸工事や排水工事に巨額な金をかけるよりも、区を閉鎖する方が良い。江戸川区だけでなく他の4区も同様である。

この地区に最初に本格的に人が住んだのは、江戸時代初期の1657年明暦の大火の後、本所・深川地域が幕府によって計画的に開発されたときと言われている。この地域は大部分が干潟でそれ以前は漁師などが散発的に住んでいた程度だった。もともと江戸湾には利根川水系と荒川水系のすべての水が流れ込んでいた。通常時には今の隅田川と江戸川（当時は大日川）を流れていた水が、大雨で流量が増えるとすぐに氾濫し暴れまくった。今の江東5区のあたりは、もともとは遊水地だった。

徳川家康は関東入国とともに、この地区の流量を安定させるために利根川の東遷事業を起こした。関ケ原合戦よりも早い1594年（文禄3年）に着工し、60年かけて1654年（承応3年）に利根川は銚子に流れるようになった。これにより安定的な新しい土地が生まれ、本所・深川地区の本格的な入植が行われた。なお利根川の東遷事業は、洪水対策ではなく、東北や関東北部の農産物を江戸に安定的に運ぶための舟運確保のためだったという説もあるが、目的はなんであれ発展しつつあった江戸の市街地を拡大するためには大いに寄与した（図1-6）。

しかし当時の技術での河道付け替えというのは大変な作業で、今利根川と江戸川が分流している関宿から上流にかけて、幸手や行田周辺の利根川右岸にいくつかの堤防を築いたのだが、水量が増えるとそれらがすぐに破堤した。水は旧河道に沿って流れようとするので、その都度今の江東5区のあたりは冠水した。江戸時代、小さな水害

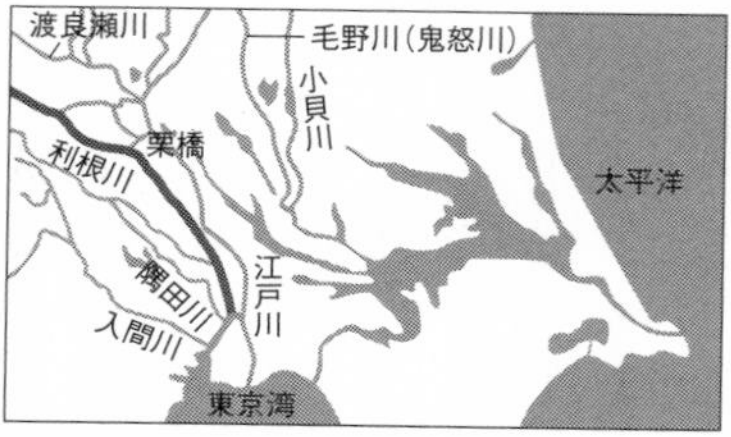

1000年前の利根川

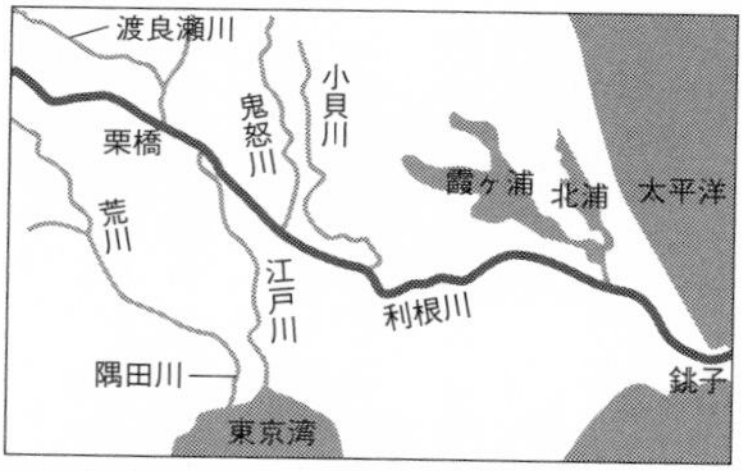

図1-6

東遷が完成したときの利根川

国土交通省関東地方整備局利根川上流河川事務所ウェブページを元に作成

は3年に一度くらいの割で起きており、だからこの地域に住み始めた人々は、少々の出水でも生活が止まらないよう、高床式の倉庫を建てるなどさまざまな工夫をしてきた。死者が出るほどの大きな水害は、30〜40年ごとに起きていたそうだ。

明治になって東京が首都になると、これらの地区にもますます人が住むようになるのだが、1910年（明治43年）の東京大水害では、利根川や荒川水系の各河川の堤防が各地で決壊し、東京の下町一帯が冠水した。この水害を契機に「荒川放水路」の開削工事が始まった。北区の岩淵から河口までの22キロに幅500メートルの放水路を作るという大工事だった。関連工事も含め完成したのが1930年（昭和5年）で、同じころ江戸川放水路も完成している。その後1965年（昭和40年）に放水路は正式に荒川の本流とされ、それまでの旧荒川全体が隅田川となった。それまでは千住大橋を境に、上流が荒川、下流が隅田川と呼ばれていた。

なお荒川放水路は完成当時都心部側を守るために右岸の堤防の方が高く、厚く作られていた。水量が増したときは左岸堤防を越水させ水を逃がす、すなわち荒川東側地域は当時は遊水地という考えだった。これは首都を守るということから当時としては当然の考え方だったようで、1933年（昭和8年）に完成した多摩川の当時の堤防も、右岸、すなわち川崎市側の方が東京都側よりも低かった。荒川も多摩川も、その後堤防改修工事がなされているので、今は場所によって一概には言えなくなっているが、工事の進捗度合いによって、いまだに越水が起きやすいところが残っている。

このような経緯から、もともと遊水地となる可能性のあった荒川以東のみを移転対象にすればいいではないかという考えもあると思うが、今やゼロメートル地帯は荒川の両側に等しく広がっており、隅田川と荒川の間の墨田区・江東区の水没可能性も同じようにあり、いったん水没したときの復興などを考えると、移転対象は隅田川以東全域とすべきと考えた。

1947年（昭和22年）のカスリーン台風では栗橋の上流付近で堤防が決壊し足立、葛飾、江戸川の3区の大部分が床上洪水となり、20日間も冠水が続いた。実は筆者は1952年（昭和27年）、小学校に入る前の6歳から28歳までの22年間、江戸川区の小岩に住んでいた。小中学生の頃は、毎年のように床下浸水があったように覚えている。もちろん下水道などがない、汲み取り式便所の時代である。その後浸水騒ぎは起きていないようだが、それは気候が安定したためなのか、堤防の強化や排水能力が向上したためなのかはわからない。カスリーン台風のときは、他所に住んでいたが、後に近隣の人たちから多くを聞かされた。台風が去った2～3日後の台風一過の好天のもと、北の方から道路や田畑に水が流れてきて、やがて床上まで浸水になったという。

その後各地を転々とした後、今は川崎市北部の丘陵上に住んでいるので、少なくとも洪水の心配だけはしなくて済んでいる。既に両親も他界し、借地にあった実家もなくなっているが、今でも時々周辺を歩くなど個人的には愛着のあるところだ。

洪水の危険は台風による大雨だけでなく、高潮による越水や、さらに地震よる津波などもある。また堤防の破壊などがなくても、この地域に大雨が降り排水ポンプの容量以上に水がたまった場合にも洪水になりうる。もしも実際に、ここで最深10メートルに達するような洪水が発生し、仮に全員が避難でき、２週間程度で水が引いたとしても、その復旧には莫大な費用と時間がかかるだろう。また旧に復するまで待てないから他所に引っ越すという人たちがかなり出てくるだろう。さらに次の洪水を心配し、事前にこの地を離れておいた方が良いと考え行動を起こす人も多いかと思う。

水害ではないが、同じ東京都の三宅島ではおよそ20年ごとに大噴火を繰り返している。その都度全島民が避難し、噴火が落ち着いた後に戻ってくるときには１０００人前後の人が減っている。最も多い時の島民数は７０００人以上だったが、現在住民登録しているのは２４００人ほどだ。仮に江東５区が浸水するようなことが何回か起きた場合、その都度この地を離れる人がおそらく数万人単位で出てくるだろう。そうなると無秩序に空き家が増えるなど街の荒廃が予想される。

それならば事前に、計画的に街を作り変える方が良い。後述するように30年くらいを目標にすれば良いと思うが、それまでに洪水が来ても、計画さえきちんとできていれば復興作業もスムーズに行くはずだ。

移住する人は、今住んでいる土地及び住宅を国に売る。賃借している人に対しては、国は補償金を支払う。価格は後述するように市場価格とはせず、このプロジェクト限定の特別価格とする。

移転した跡地は基本的にはすべて遊水地とするが、ところどころには人工島を作る。浄水場や下水処理施設などは必要だろうし、どうしてもそういうところに住みたい人もいるだろうからそれらの人のために高層住宅を建てたり、他所に移りにくい企業のオフィスにしたり、イベント用施設、非常時のための備蓄倉庫などを建てる。また富岡八幡宮とか柴又帝釈天のような由緒のある神社仏閣などは、他所に移すのもむずかしいだろうから門前町と一緒に島に残し、公園とともに手近な遊覧の地とするのも良いかも知れない。東京スカイツリーはそのままにしておいても良いかも知れない。ただし周辺は人工地盤にすることが必要だろう。

都内と千葉県方面とを結ぶ鉄道や主要道路は、それらの島を結びながらすべて地上10m程度の高架とする。地下鉄も高架にする。鉄道は複線、または複々線の両サイドに非常時用に幅5m程度の遊歩道をつくっておく。地下鉄は全面的に高架にするのだが、地下鉄半蔵門線は東武スカイツリー線とどのように合流させるか、京成押上駅はどの高さにするかなどを含めて、どこから地下に潜らせるのか、5区側か、それとも中央区や台東区でそれを行うかなど防水対策を優先させた検討が必要だ。

島以外のところは原則国有地として、河川敷のようにして野球やサッカーの練習場やゴルフ場などにしても良い。あるいは太陽光発電の基地にしても良い。さらには環境保善のための湿原にしても良い。釧路湿原ほど広くはないが、東京湿原を作るのである。江戸時代以前に戻すようなものである。

なお大都市の近隣に大きな湿原があるのは世界では珍しいことではない。干拓によって作られたオランダのアムステルダム周辺は別にしても、ニューヨークのハドソン川をはさんだ対岸、ニュージャージー州のジャージータウン市とその先のニューアーク市の間にはかなり広い湿地帯がある。筆者は実際に行ったことはなく、地図や写真で見ただけだが、首都圏で言えば川崎と横浜の間に広い湿地帯があるようなものだ。

移住先は、都内及び近隣県の自然災害に強い、丘陵上の地盤が強固なところにある空き地、空き家とする。5区以外の東京区部や三多摩、神奈川、埼玉、千葉の周辺都市にも100万軒を超す空き家がある。千葉ニュータウンなども、当初の計画人口は34万人だったが、今は10万人くらいしか住んでいないそうだから、まだまだ余裕はあるはずだ（図1-7）。

国はこれらの空き家を災害危険地域から移住してくる人のために確保する。所有者がいる空き家は国が妥当な価格で購入し、持ち主不明な場合は、一定期間公示後申し出がなければ国有財産とする。相続税が払えず空き家を現物給付したいという申し入

周辺市区	住宅数	空き家数	空き家率
東京区部（江東5区を除く）	4,156,380	434,860	10.5%
八王子市	289,050	35,170	12.2%
立川市	97,050	11,090	11.4%
府中市	131,360	15,030	11.4%
調布市	127,980	12,690	9.9%
町田市	207,390	20,010	9.6%
横浜市	1,835,810	178,320	9.7%
川崎市	777,820	73,820	9.5%
相模原市	349,670	36,230	10.4%
さいたま市	608,730	57,520	9.4%
川口市	285,710	29,150	10.2%
千葉市	363,910	38,590	10.6%
市川市	264,560	29,640	11.2%
船橋市	310,190	32,120	10.4%
松戸市	254,860	32,250	12.7%
合計	10,060,470	1,036,490	10.3%

令和元年住宅・土地統計調査 総務省統計局発表資料より

図1-7　周辺市区の空き家状況

れがあればそれも受け入れる。それらを含め空き家をいったん国有財産とし、移住してくる人に妥当な金額で売る。一連の売買は市場価格ではなく、このプロジェクト特有の価格での取引とする。国はこれで儲けることは一切しない。移住者は、購入した家のリフォームや家財購入、引越し関係の諸費用が賄えるようにする。賃借している人にも移住のための補償金を国が出す。

なお、この5区には町工場をはじめとする多くの事業所もある。

それらも基本的にはすべて他所に移ってもらうことになるが、後述する東京一極集中解消策との関連も含め、思い切って東京圏を離れるか、あるいは都心から移転した事業所の跡に移転するなどさまざまな対処の仕方があると思う。

このプロジェクトの期間は30年としたい。南海トラフの海溝型地震は30年以内に70%の確率で起きると言われているので、それをひとつの目安としたいからである。進める体制案については後述するが、このための国の専門部署を作りそこが行うものとする。そして国は、このようなプロジェクトを行うための指定地域を定め、地域住民に対し移住を説得し、住民から土地や住宅を買い取る。

30年間でこの約130万世帯をお世話する担当者は、1人が年間13世帯を担当するとすれば、延べ10万人が必要だ。交渉開始から移転まで平均1年とすると、常時3000人強の優秀なスタッフを集めなければならないが、高給で迎えてほしい。また前述の通り1世帯当たりの平均買取費用を3000万円と仮定すれば総額39兆円である。なお130万世帯のなかにはかなり多くの賃借人も含まれている。賃借している人も、同程度の生活が維持できる安全な地帯に移住してもらうことになるが、引越しの費用や契約一時金などを含めた補償金を支払うことになる。それらを含めた平均の費用であり要員である。そのくらいの規模の事業だが、これから発生することが予想される被害への事前対応や事後復旧の手間や費用を考えれば、十分リーズナブルな話だと思う。

移転後の5区の総人口は最終的に数万人かあるいは数千人かも知れない。5区はすべて閉鎖し、跡地を統べる新しい区か町か村にする。現5区の区役所職員をはじめとする行政関係で働く人は仕事を失うことになるが、それは30年くらいかけて行うことである。これを進めるスタッフの仕事もあるし、今から計画的に再配置をして行けば問題ない。住所表示や、江戸川区に本籍をもつ筆者にも影響する地番の変更も必要かと思うし、墓をどうするかなど解決しければならない問題は多いはずだが、このくらい大胆なことをしないと、人口減少下にあるわが国のさまざまな問題を解決することはできないと思うのである。

なおこの案には当然のことながら反対が多いと思う。まずそれだけの金を使うならもっとほかのことに使え、こんなことまでする必要が本当にあるのだろうか、そんな規模の洪水が本当に起きるのかという疑問が多いだろう。でもこれには誰も答えられないだろう。これこそ優先順位の問題だ。ここにもうこれ以上住み続けたくないという住民が多数でないのならば、無理に進めることはない。

人口減少からコンパクトシティ化が全国で進められようとしているが、掛け声だけでなかなか実現しない。総論は賛成だが、自分が移住するということになるとなかなかその行動には結びつかない。少々暮らしが良くなるといった程度では、人はなかなか動かない。人は「そうしなければならない差し迫った理由」がなければ行動には移さない。転勤など仕事の都合で移住するのは、それが「そうしなければならない差し迫った理由」だからだ。多くの人にとって洪水災害が「差し迫った理由」にならないのであれば、この話は無理だろう。でも寺田寅彦の言葉に「天災は忘れたころにやって来る」というのがある。忘れていても良いことではないはずだ。

また、いままで行ってきたこと、造ってきたものが無駄になるのではという意見もあるだろう。中小河川の水量を調節しながら江戸川へ排水する地下50メートル、全長6・3キロメートルにも及ぶトンネルがある。2006年に本格的に使用を開始した、「地下神殿」とも呼ばれる首都圏外郭放水路で、この周辺地域をこれまで何度か洪水被害から守ってきている。また埼玉県内にある荒川の調節池なども、2019年の台風で大きな効果をもたらした。一部で完成しているスーパー堤防などもそうだろう。

こういうものに多大な金をかけてきたのに、ということだろうがこれらが今すぐ不要になることはない。東京湿原が完了するのは30年後であり、完了後といえども荒川右岸の北区、荒川区、台東区、中央区を水害から守るためには必要かも知れない。そもそも災害予防に関するものが「無駄」というような議論はないのではないかと思う。

なお繰り返しになるが、これほど危険が叫ばれている現在、このような政策がなされなくても、個人レベルで他のより安全な地域に自力で移転する人が出てくると思う。こういう人が増え、転出した跡地がなかなか埋まらず、年月を経るごとにこの5区の人口が減り、市街地が過疎化することも考えられるが、それはそれで良いという考え方もある。なぜならば、大洪水時の避難者数や被害者数が減るからである。でも自然にそのように進むのであれば、やはりここは将来のまちづくりを考えた、計画的な湿原化を目指した方が良い。

また移転者が増え人口が減り極端な過疎化が進み、住宅街が低密度化、すなわちスカスカの状態になると、空き家のところで述べるが、それはそれでまた別の新たな問題が生じて来る。そういう場所での防災や治安維持は税収が減っても行政として手を抜くわけには行かないし、また電気・ガス・水道・通信などの供給とそれらのインフラ維持もどんなに非効率になっても提供者は止めるわけにいかない。これらのコストは最終的には国民全員の負担となる。

だから国は、なるべく早くそこから移住してもらえるよう、さまざまな施策を講じることになる。例えば今の排水ポンプが老朽化したら代替のものは設置しない、堤防の強化は、今後は行わないなど危険度が増すということを住民に理解させなければならなくなる。これは居住権の侵害だとか、国が国民に対して最小レベルの安全を放棄している、などと訴え出る人が出て来るかも知れないが、誰も損をしない形で危険から逃れるためにはその方法は皆で考えなければならない。そして筆者はこの方法しかないと確信している。

なおこの施策はそこに住む人の危機を解決するだけではない。ここを遊水地化することで、例えば東京の浅草、上野、日本橋、日比谷などの低地部分の洪水被害の危険が遠のくし、荒川の少し上流埼玉県内の低地の中小河川の内水氾濫なども防げる可能性がある。これは5区に住む人だけのためではなく、周辺の多くの人にも恩恵が及ぶのである。だから5区の人たちは、多くの人たちのための犠牲になって移住する、とも言える。5区以外の周辺の人々にも、さらに広く国民全員がこのことをよく知ったうえでこのプロジェクトを評価してほしいのである。

それが正しいということ、それを早く行うべきであるということが世の中に周知されなければならない。そのために国民を説得することも国の仕事であるとともに、国民もそれを理解する努力を払わなければならない。このほか、細部を詰めて行けば行くほど、移動が困難という施設などが出てくるだろう。そういうものを適切に残しながら、東京湿原を作るという最適解が見つけられると筆者は思うのである。

2：大河川流域　多摩川下流域など

２０１９年（令和1年）10月の台風19号で多摩川下流の川崎市や世田谷区、大田区で洪水被害が発生した。多摩川に今の堤防ができたのは１９３３年（昭和8年）のことで、それ以降は１９７４年（昭和49年）の狛江水害があったくらいだったので、今回は50年ぶりの豪雨災害と言える。これも地球温暖化による異常気象によるものと言われてもいるが、雨が多かった原因はともかく、今後もこのような豪雨が頻繁に起きないとは言えない。

多摩川は、東京湾に注ぐ一級河川の中では、勾配が比較的急で、少しの雨でもすぐに水かさの増す危ない川であり、昔から度々水害を起こしていた。江戸時代になると人口増加や新田開発のために必要な水を得るために、玉川上水や多くの用水を造りこの川の水を積極的に取り入れるようになった。一方治水対策としては、増水時には霞堤などで水を逃がし、洪水被害を最小限にするような工夫がなされていた。

霞堤とは、堤防のところどころに開口部を設け、洪水時には開口部から水に浸かっても良い土地（現在の遊水地のような土地）に一時的に水を溜め、本流の流量を減少させるとともに、住宅や田畑にはなるべく水が行かないようにし、洪水が終わると、本流に戻すという方式だ。甲府盆地の信玄堤などが有名で、急流河川の治水方策として近世になってから全国に広がった方式である。

これに対し明治以降は、川の水を堤防外には流出させないという考え方となり、途中に切れ目のない連続した今のような堤防を造るようになった。それに伴い、かつての遊水地機能が必要でなくなり、そのような場所は放置されていた。それらはかつての川の跡、すなわち旧河道などが多く、周囲に比べても土地の低いところだった。しかし人口の増加とともに、そこにも多数の住宅や工場などが建つようになった。そのような場所が、今回でも特に被害の大きかったところだ。

また多摩川に注ぐ中小河川についても、合流部付近では、多摩川本流の水位が上がり、多摩川に流入させることができなくなったり、逆流があったりして洪水が発生した。いわゆる内水氾濫である。さらにそれらの中小河川は、その上流の土地開発が進み、田畑が住宅地になるなど自然の貯水機能が弱まり流量の変化が大きくなった。またもともと複雑に屈曲していたこともあり、多摩川本流の合流地帯だけでなく、途中でも地形の関係で洪水を繰り返すところも多くなった。これらに対して早めに本流に流出させるためのバイパス（放水路）を造ったりしたが、いずれも本流の水位が上がってしまうとそれも機能しなくなる。そのようなときは、流出口に設置した水門（ゲート）を閉じ、ポンプで排水する。今回は水門を閉めるタイミングを誤る人為的ミスがあったとも言われているが、それ以前にそれの容量も越えていた。

特に首都圏では、人口増加とともにかつては人が住まないようなところにも人が生活するようになったが、そうでなかったところでも、その後地下水の汲み上げなどでいつの間にか地盤沈下が進んだというところも多い。これらの地域が50年とか100年に一度の豪雨によって冠水したのである。次に起きたときのために、さらなる堤防強化や排水能力の増強が必要になるが、それにかけるコストなどを考えると、そのような場所を居住禁止とし、今そこに住む人たちを、東京の江東5区と同じように移住させる方が良い。

ただしどの地域を居住禁止とするかについては十分な調査及び研究の上で決定する必要がある。仮にある地区を移住対象とし跡地を遊水地にした場合、他の危険地帯も大幅に危険が減る可能性がある。新たな遊水地に流れ込むことによって河川全体の水位が下がるからだ。だから河川全体を見て、どの地域を遊水地化したら最も効果的かについてシミュレーションなどを重ねて選定すべきである。

移住先については、多摩川周辺で言えば、川崎市や横浜市の丘陵上にも空き家が多くなってきている。多摩ニュータウンも同様である。東京の江東5区のようなスキームで、低地の土地・住宅を国が買い上げるとともに、移転先のあっせん、特別価格での分譲を提案したい。

なお首都圏だけでなく、最近は全国の大河川でたびたび大規模な水害が起こっている（図1-8）。

時期	名称	概要	死者行方不明者数
1949.08	キティ台風	東京下町大規模浸水	160人
1958.09	狩野川台風	伊豆半島中部で集中豪雨、狩野川が氾濫	1269人
1959.09	伊勢湾台風	高潮による被害顕著、台風による死者、行方不明者最大	5098人
2004.10	台風23号	京都府由良川、兵庫県円山川が氾濫	98人
2011.08	台風12号による大雨と暴風等	紀伊半島を中心に記録的な大雨。	98人
2014.08	平成26年８月豪雨(台風11号、12号)	西日本から東日本の広い範囲で大雨	80人以上
2017.07	梅雨前線及び台風第３号による大雨	西日本から東日本を中心に記録的な大雨	40人以上
2018.07	前線及び台風第７号による大雨等	西日本を中心に全国的に広い範囲で記録的な大雨	200人以上
2019.10	台風19号による大雨、暴風等	記録的な大雨、暴風、高波、高潮	99人以上
2020.07	令和２年７月豪雨	球磨川、筑後川など大河川が氾濫	50人以上

災害をもたらした気象事例（気象庁HP）を参考に作成

戦後の主な洪水被害

発生年	死者不明者	被災者	備考
1671年(寛文11年)			
1704年(宝永元年)			
1728年(享保13年)			
1742年(寛保２年)	1万人以上		
1786年(天明６年)			浅間山噴火による利根川河床上昇
1791年(寛政３年)			満潮時の高潮
1856年(安政３年)			
1910年(明治43年)	1357人	150万人	荒川放水路開削の契機
1917年(大正６年)	248人	30万人	満潮時の高潮
1947年(昭和22年)	1930人	150万人	カスリーン台風利根川堤防決壊

『江戸水没』(渡辺浩一、平凡社)、『首都水没』(土屋信行、文春新書)を参照に作成

江戸・東京を襲った水害

図1-8

2020年には熊本県の球磨川、福岡県・大分県の筑後川、山形県の最上川流域などで大洪水が起こっている。いずれも最近になって人口増加から新たに住み始めたというところばかりではなく、洪水の心配などなく、昔から人が住み続けていたところも多い。それだけ異常な豪雨ということになるが、一度起きれば今後当分は起きないとは言えないだろう。

球磨川流域に関して、NHKが被災した104人に聞いたアンケートによると、今回自宅が「全壊」と回答した人が46％、「床上浸水」が32％、「一部損壊」が12％、「床下浸水」が6％、「半壊」が5％だったそうだ。そして今後も同じ場所に住み続けるかとの問いに対しては、64％の人が「住む」、もしくは「住む予定」と回答し、自宅が全壊したという人の中にも45％が住み続けたいと答えたそうだ。理由は「生まれ育った場所で愛着がある」とか「地域のつながりを絶ちたくない」「行く場所がない」「高齢で転居する資金がない」といった答えだった。一方「転居する」「転居を検討する」というのは全体の16％だったそうだ。

地方と首都圏とでは事情が異なるのかも知れないが、危険が来るとわかっていてもさまざまな制約からそこを離れられない、離れたくないという人は多い。だから一方的に、上から目線で「危険地域から移住しろ」ということが本当に「人にやさしい」ことなのかどうかはわからない。しかし災害は繰り返しやって来る。国全体の興廃を語ることは重要だが、それは被害を最小限に、犠牲者を最小限にすることが原則だ。金がないから危険とわかっていてもここを離れられない、という人には資金援助をしなければならない。その他の理由で離れたくないという人に対しては、時間をかけ粘り強く説得を続けるしかないと思う。

3：大きくなりすぎた広島市　土砂災害

土砂災害という観点から広島市周辺の丘陵地帯を取り上げる。記憶に新しいところでは2018年（平成30年）7月の西日本豪雨で土砂崩れや浸水による大きな被害が出た。広島市では住宅地背後の山が崩れ、同時多発的に大規模な土石流が発生し多数の死者行方不明者を出した。また鉄道や道路などのインフラも大きな被害を受け、山陽本線も不通になり、区間ごとに順次復旧したものの、全線復旧には3か月も要した。

広島市周辺は地形や地質の関係で、一旦集中豪雨になると、大規模な土砂災害が発生しやすい。このほかにも1999年（平成11年）、2009年（平成21年）、2014年（平成26年）と豪雨被害が連続して起きている。特に戦後の高度成長期に人口が急増し、すぐ背後に山があるようなところにまで多くの住宅が建つようになり、被害の規模が拡大している。99年の土砂災害の後、土砂災害防止法が制定され、警戒区域を指定し、開発や建物構造の規制のほか移転勧告も出せるようになったが、実効がからず14年、18年の同市の土砂災害を防げなかった（図1－9）。

このように見てくると、広島はそもそも100万都市を形成するための地形的条件を備えていないところに無理に人が住んでしまったと言えるのではないだろうか。

さらにもうひとつの問題がある。2018年の西日本豪雨から2年たった今でも、広島市の東部にある東広島市では復興工事が半分しか終わっていないという。予算も計上しているのに工事入札の4割近くが「不成立」となっているそうだ。「最たる理由が業者の減少で、平成の大合併前に比べ、入札参加資格を持つ業者は15年で35％減少した。ほかにも工事のための仮設路建設などを行う専門技能をもつ業者も少なく、質量ともに人手不足が顕在化している」（2020年7月29日付日経ビジネス記事）

全国建設業協会によると全国的には施工能力には余力があるのに、必要度と提供可能性が地域的に偏在しているということが言える。いずれにせよ災害が多発するだけ

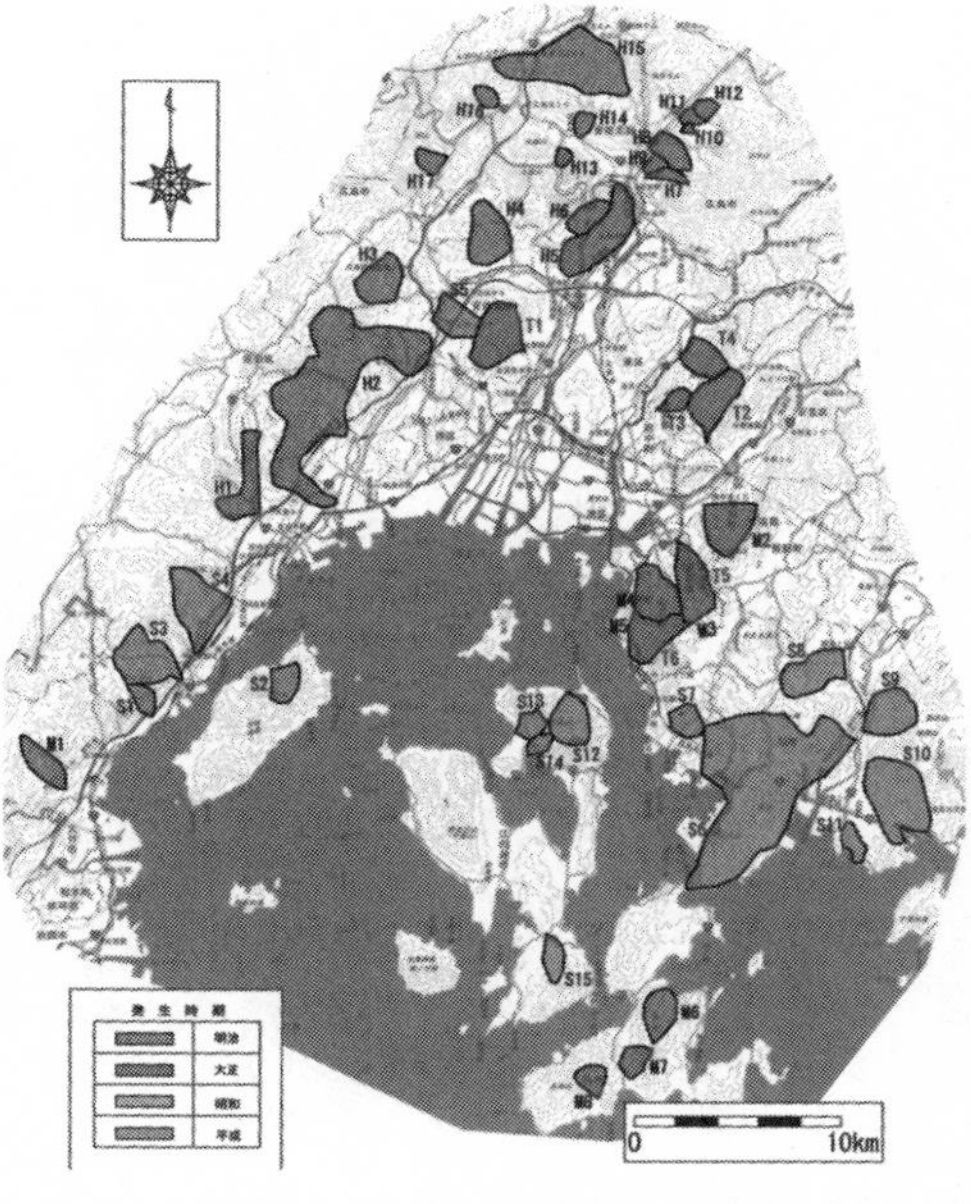

いさぼうネット『歴史的大規模土砂災害地点を歩く』（井上公夫著 丸源書店）より

図1-9　広島湾岸地域で明治・大正・昭和・平成に土砂災害が発生した渓流の分布

でなく、その復旧も思うとおりに進まず、復旧途中でまた災害を被らないとも限らない。この面からも広島市、および周辺が100万都市圏を維持するための条件が整っていない、整わせるのがむずかしい、ということかも知れない。

そうだとすれば、今の市域の居住者を半減させるくらいの思い切った移住戦略が必要ではないだろうか。例えば崖から50m以内の家屋は全部取り壊し、跡地を公園にするなどの戦略である。河川の場合は一か所遊水地化することにより他の多くの場所の危険を減らせる可能性があるが、土砂災害の場合はそういうことはないので危険地域はすべて移住する必要がある。

では、その人たちはどこに移ったら良いのか。市内への通勤の便などを考慮したうえで周辺の台地上の地盤強固なところへ、ということになるが、そんなところはあるのだろうか。ないから今のような危険な場所に家を建てざるを得なかったのではないのか。そうなると、広島市の経済規模が地理的条件を越えているということになり、広島の人には大変気の毒だが、広島市の機能を分散させるという抜本的な解決策を取らざるを得なくなるのではないか。

それには広島に人を集めている企業などの思い切った移転が必要だ。中国地方を代表している官公庁のほか、マツダの本社工場やグループ企業を移転させればその効果は大きいだろう。移転先は、広島県内だけでなく、広く中国・四国を含めて考えるべきだ。「帝国データバンク広島支店の調べによると、2019年に広島県内から県外に本社機能を移した企業が24社あり、2010年から19年までの累計では72社の転出超過だった。移転先は東京都が24％、岡山県が17％、山口県が12％、大阪府が9％で、業種別ではサービス業が30％、卸売業が18％、製造業と小売業が12％だった」（2020年6月26日付日経新聞）。これは必ずしも地形的な条件からのものではないと思うし、他の県庁所在地クラスの都市との比較がないので広島特有のものかどうかはわからないが、現実にはそのような移動は起きている。

全国にもこのような地形を主とする地理的条件に合わない、あるいはそれを無視してどんどん市街地を広げて行って危険地域に人が住んでいる例はほかにもある。その中で多くは、最近の人口減少から危険地帯に住む人の数も減っているだろうが、広島などはまだまだ拡大が続いているように思われる。どこでもこのようなリスクはもうとっくに気が付いていて見直しが進んでいると思うが、ほとんどは市町村、もしくは県のなかで解決しようとしているようだ。市町村や県単位だと都市の縮小、『都市をたたむ』（饗庭伸著、花伝社）などという意思決定はなかなかできない。これこそ国が主体となって、国の責任で国土全体の都市配置の見直しを行いながら、自然災害リスクを最小化させなければならない。

東京湿原のように、指定地域を定めて半ば強制的なプロジェクトとして遂行することがここでも必要と思うが、対象地域の選定なども含めて、これも国の事業として行うべきである。

4：地震の被害を最小にする東京一極集中の是正

洪水はある程度予想ができるので事前避難などを行うことによって少しでも被害を少なくすることはできるが、地震は突然やって来る。またその被害も、建物や設備の崩壊だけでなく、津波や火災など広範に及び、さらに電気・ガス・通信・交通機関などのインフラが長期に使えず、復旧にかなりの日時を要することが予想される。

そして今、もし東京に直下型地震が発生したときの被害は想像できないくらい大きく、またさまざまなものが一極集中しているがゆえに被害がさらに大きく、復旧がより長期化するだろう。それだけでなく、日本全国や世界に及ぼす影響も計り知れない。阪神淡路や東日本の地震での被害が復旧できたのは、東京が生きていたからだと思う。日本の司令塔が集中する東京が壊滅的な被害を受けたら、日本全体が死に体になるかも知れない。

日本列島は地球上の4つのプレートが集まっているところにあると先に述べたが、このプレート同士の交わるところの南海トラフや日本海溝で発生するのが海溝型地震であり、これはある程度周期的に発生している。これとは別に一つのプレート内部で起きるのが断層型地震とか直下型地震と言われるもので、こちらも周期性はあるのだろうが海溝型に比べて解明が進んでいない。

日本で発生している記録に残っている大きな地震は表（図1-10）のようなものだが、東京周辺に関して言えば直近のものは1923年（大正12年）9月1日の関東大地震である。マグニチュードは7・9と推定されており、都内で観測された震度は6だったが、その後現在に至るまでの100年近く、都内では震度6弱以上の地震は発生していない。関東大地震での死者行方不明者数は10万5000人以上だったが、このうち約9万2000人は火災による焼死者だった。関東大地震は東京の地震というよりはむしろ神奈川県の地震であり、建物被害などは横浜の方がずっと激しく、最も揺れが激しかったのは小田原付近と言われている。この地震の震源地についてはいま

年代		名称等	タイプ	規模	被災状況		その他・特徴など
西暦	和暦				被災地域	死者数等	
684	天武13	白鳳地震	南	M8	土佐、その他南海、東海、西南地方	死者多数	大津波発生
869	貞観11	貞観地震	日	M8.3	三陸沿岸	溺死者1千人前後	大津波発生（多賀城下に達す）
1498	明応7	明応地震	南	M8.2～8.4	東海道全般	死者4万人前後	
1586	天正13	天正大地震		M7.8	畿内・東海・東山・北陸諸道	死者多数	飛騨が震央? 1年以上余震継続
1605	慶長9	慶長地震	南	M7.9	東海・南海・西海道	死者数千人	2つの地震が同時発生?
1611	慶長16	慶長三陸地震	日	M8.1	三陸沿岸・北海道東岸	死者1万人弱	大津波発生
1703	元禄16	元禄地震	相	M7.9～8.2	江戸・関東諸国	死者3万人以上	地殻変動大
1707	宝永4	宝永地震	南	M8.4	東海・畿内・南海・東山・西海道	死者2万人以上	わが国最大級の地震、2つの地震が同時発生?50日後富士山宝永噴火
1771	明和8	八重山地震津波		M7.4	宮古・八重山群島	溺死者1.2万人	大津波発生
1792	寛政4	島原大変肥後迷惑		M6.4	雲仙岳・肥後	溺死者1.5万人	島原対岸肥後に津波発生
1804	文化1	象潟地震		M7.0 震度7	羽前・羽後	死者500人以上	象潟湖が隆起
1847	弘化4	善光寺地震		M7.4 震度6（長野市）	信濃北部・越後西部	死者１万人以上	
1854	安政1	安政東海地震	南	M8.4 震度6（静岡）	東海・東山・南海道	死者2～3千人	
1854	安政1	安政南海地震	南	M8.4 震度6（高知）	畿内・東海・東山・北陸・南海・山陰・山陽道	死者数千人	東海地震の32時間後に発生、津波（串本15m）
1855	安政2	安政江戸大地震		M6.9 震度6	江戸および周辺	死者7千余人	荒川付近が震源
1891	明治24	濃尾地震		M8.0	岐阜県・愛知県	死者7273人	根尾谷断層
1896	明治29	明治三陸地震	日	M8	三陸沿岸	死者21955人	大津波（綾里湾38.2m）
1923	大正12	関東大地震	相？	M7.9	関東南部	死者14.2万人	
1933	昭和8	三陸沖地震	日	M8.1	三陸沿岸	死者3064人	大津波（綾里湾28.7m）
1943	昭和18	鳥取地震		M7.2 震度6（鳥取）	鳥取付近	死者1083人	鹿野断層
1944	昭和19	昭和東南海地震	南	M7.9 震度6（津）	静岡県・愛知県・三重県	死者1223人	戦時中で秘匿
1945	昭和20	三河地震		M6.8	愛知県南部	死者2306人	
1946	昭和21	昭和南海地震	南	M8.0 震度5（潮岬）	中部以西	死者1330人	津波（静岡～九州　4～6m）
1948	昭和23	福井地震		M7.1 震度6（福井）	福井平野	死者3769人	
1964	昭和39	新潟地震		M7.5	新潟県	死者26人	液状化被害発生
1995	平成7	阪神淡路大地震		M7.3 震度7（神戸市）	兵庫県南部	死者6433人	鉄道長期不通
2004	平成16	新潟県中越地震		M6.8 震度7（川口町）	新潟県・福島県・群馬県	死者68人	山古志村各所で孤立
2011	平成23	東日本大震災	日	M9.0 震度7（栗原市）	岩手県・宮城県・福島県・茨城県・千葉県	死者不明2.3万人	大津波(女川漁港14.8m)、全国の原発停止
2016	平成28	熊本地震		M7.3 震度7（益城町）	熊本県・大分県	死者55人	
2018	平成30	北海道胆振東部地震		M6.7 震度7（厚真町）	北海道胆振地方	死者42人	北海道全域停電（ブラックアウト）

だに諸説あるが、相模トラフのプレート境界で発生した海溝型地震とされている。1703年（元禄16年）の元禄地震も類似のものと考えられている。
また関東大地震の前に発生した東京での大きな地震としては、その約70年前、幕末1855年（安政2年）の安政江戸地震がある。これは内陸の活断層によるものとされている。1995年（平成7年）の阪神淡路大震災と同じタイプのものだ。この地震では江戸城の櫓《やぐら》・門・塀・石垣など多くが崩壊し、今の中央区、台東区、墨田区、江東区あたりでは潰れた家が多く、死者は5万人とか10万人とか言われている。この地震は相模トラフで起きるものに比べ規模はひとまわり小さいマグニチュード7前後と推定されているが、震源が近かったせいか、揺れなどは関東大震災よりも大きく、今だったら大変な被害が出ただろう。

そして今日本で最も危惧されているのは、およそ100年から200年の間隔で、東南海沖地震と南海地震が連続してセットで発生する南海トラフによる海溝型地震である。今後30年以内の発生確率は70％と言われている。こちらの直近のものは、前者が1944年12月に紀伊半島南東沖を震源として、2年後の46年12月に同じ紀伊半島の潮岬南西沖を震源に発生している。前者は太平洋戦争末期で敵を利するということから報道が伏せられ、被害状況など不明な点が多いが、後者は紀伊半島や四国沿岸の集落に激しい津波が襲い、1443名の死者行方不明者を出している。

これ以前の南海トラフに関係する地震としては、前述の安政江戸地震の1年前、1854年の安政東海地震とその翌日に発生した安政南海地震があった。ペリー来航で国内が大揺れのときだった。さらに前述の元禄地震の4年後の1707年、東海及び南海地震が連続して発生した宝永地震があり、このときは49日後に富士山の噴火（宝永噴火）が起きている。東京からは少し離れたところで発生する地震ではあるが、それに誘発されて都心での地震や、富士山の噴火などが起きる可能性があるので油断はできない。

また一方我々の記憶に新しいのは2011年3月11日の東日本大震災と呼んでいる東北地方太平洋沖地震である。日本国内では観測史上最大のM9・0という超巨大なもので、太平洋プレートと北アメリカプレートの境界域である日本海溝付近で発生した海溝型地震である。被害については大津波による直接被害のほか、我が国の原発の大半が今も再稼働できないという大変な影響を及ぼしている。ここでの地震も1968年十勝沖地震、1896年明治三陸地震、1793年寛政地震、1611年慶長三陸地震、869年貞観地震などM8クラスの記録に残るものが100〜200年の間隔で起きているほか、この間にM7以下のクラスのものが多発している。

このように発生のメカニズムは異なるが、大地震はいつ起きるかがわからないだけで必ずやって来る。東京の場合、1923年の関東大地震以降震度6以上の地震は100年近く発生していないのも不気味である。そして洪水の場合はその予想される被害についてある程度イメージすることができるが、大地震では難しい。地震のタイプ、すなわち同じ震度でも縦揺れか横揺れか、長周期かどうか、余震の頻度や規模などにより建物の損壊の程度は大きく異なるだろうし、発生の時間帯などで人的被害の程度も大きく異なるからだ。さらに直接的な被害の予想も難しいが、間接的なものとなるとなおさらだ。東日本大震災で福島の原発が被災することで日本中の全原発が停止した。津波での原発の被害を予想できた人はいただろうが、その人でさえ日本中の原発が停止することまでは想像できなかったのではないだろうか。

これは科学的な因果関係というよりも、風評などのような心理的な、さらには政治的な影響ともいえるが、そのようなものも含めて一極集中が進んだ東京が被災したときに、日本だけでなく世界に及ぼす間接的な影響は図り知れない。金融取引やサプライチェーンが複雑化した今、もしも東京に集中している大企業の本社が一斉に機能不全に陥ったときに、影響が日本中、あるいは海外に及ぶことは風評を含めて大いにありうる。とにかくいろいろなものが東京に集まり過ぎているのだ。地震を含む自然災害に対する東京のリスクの最たるものは集中であると言っても良い。

地震への対策として企業は、建物の耐震化、停電に備えた自家発電用燃料や食料・水などの備蓄を行い、データ類の遠隔地でのバックアップや保管などはかなり行われていると思う。また最近では、災害時の事業継続計画（ＢＣＰ）を策定している企業も多い。しかし建物の損壊がなくても、あるいは手順が決められていても、業務の判断をしたり執行するための人がそこにいるか、すぐに集まれるのか、そのためのパソコンや通信が生きているかなどにより業務が停止するリスクはある。さらに電気などインフラの復興が遅れ自家発電用の燃料が尽き、長期停電が続いたときなどはどうなるのだろうか。あるいは交通や通信の遮断が長期にわたったときはどうなるのだろうか。1社だけがそうなったのであれば、業界の他社が代替策を講じたりすることができるが、東京に多くが集まっていると、業界全部が機能しなくなることが考えられる。これが東京に集まり過ぎていることのリスクである。

東京一極集中は、個人の安全の面からも、経済の持続可能性の面からも早急に是正しなければならない。もちろん今までも何度か首都移転とか分散化が叫ばれたことがあったが、本格的に取り組んだことはなかった。また筆者の記憶では、東京の歴代の知事は皆東京の縮小になることには反対で、堂々と反対する知事もいたが、なるべくこの件には触れない、としていたようでもあった。この問題は、一極集中是正を国策として行うことと、かつそれに積極的な都知事を選ぶしかない。それには都民も、集中のリスクを自らや家族の、また職場の問題と考え、こういうことに前向きの候補者かどうかを見定める必要がある。

筆者は首都移転などは考えていない。国会議事堂のある永田町から中央官庁の並ぶ霞が関にかけては、建物も十分に間隔をとっているから、災害が発生しても人や車による移動はできるだろう。官邸や各省庁は、十分すぎるくらいの食料や燃料を備蓄するとともに、バックアップのシステムやデータを必ず遠隔地に置くようにしておけば良い。それよりも経済活動の担い手である企業に関しては、同じ業界の本社はお互いに100km以上離した方が良い。今回のコロナ禍で、リモートワークやリモート会議が大幅に進んだことで、そう難しいことではないはずだ。

といっても官公庁との連絡や業界団体的な交流も必要で、それらは今後とも東京が中心になるだろうから、東京駅から1~2時間程度のところへの移転が良いだろう。1980年代後半のバブル経済期には、政府が東京の機能分散として「業務核都市」を指定した。みなとみらい21、幕張新都心、さいたま新都心の整備が進んだが、熊谷、土浦、千葉ニュータウンなど外側の対象地域への移転は不十分だった。今後はこれらの地域からさらに周辺にかけての分散がまず現実的だろう。メガバンクや保険、証券の本社は、近くLRTが走る宇都宮とか水戸、高崎、前橋、甲府あたりが良いと思うし、もう少し遠く、仙台、福島、長野、松本、名古屋あたりでも良いと思う。

日本の総人口は2007年から減少しているのに、東京だけは一極集中が続き相変わらず増え続けており、2020年4月には都の人口は1400万人を超えた。また帝国データバンクによると2019年に本社機能を東京圏（東京、千葉、埼玉、神奈川）に他道府県から移した企業は312社で9年連続の「転入超過」となっている。東京23区の人口は968万人になっており、東京湿原のために5区が全部無人になったとすると262万減ることになるが、この人たちが従来通り都内に通勤するとなると、旧来のエリアでは最早過密を通り超す。多くのオフィスを東京以外に移さなければならなくなり、その意味からも大企業の本社移転が効果的である。同時に大学なども、例えば東大を除く六大学の本部キャンパスを東京から100キロ圏に移すことも提案する。

本社機能を地方に移転させるインセンティブとしては、全国一律の法人税に差をつけるなどいくつかのアイデアはあると思うが、各社とも集中のリスクがだんだんとわかってきた今こそ自発的に行動に移す「とき」ではないだろうか。国会でも「社会機能の全国分散を実現する議連」という首都機能などの分散をめざす議員連盟が立ち上がり、2021年内にも具体策を盛り込んだ提言をとりまとめるそうである。首都機能の移転のような話は、総論賛成だが自分はイヤということからなかなか進展しない。コロナ禍もひとつのチャンスだが、待ってくれない自然災害から身を守るための東京湿原化と併せて検討してもらいたい。

江東5区の湿原化は、指定地域を定め、強制的にそれを行うプロジェクトとしてそれを遂行することを提案している。企業の場合も、業務継続のリスクが「そうしなければならない差し迫った理由」と認識されれば自発的な移転が期待できるかも知れないが、そうでなければ半ば強制的に行う必要があるだろう。

繰り返すが、大地震はいつ来るかわからないが必ず来る。突然来ても、移転計画がしっかりできていれば発生後の復興計画も立てやすいはずだ。計画作成だけでも急いでほしいものだ。

［2］ 増えすぎた空き家

増えすぎた空き家

筆者は1986年（昭和61年）から30年かけ、全国3259の市町村役所・役場に公共交通機関だけで行った。その途中で平成の合併があり、市町村数は1742に減ったが、合併後は支所や出張所となった旧市町村役所・役場にも行った。行ったと言っても庁舎の写真を撮ってきただけだが、その間に感じたことは、日本は広い上に人が減り続けているということだった。荒れたままになった休耕地、放置されたままの工場跡地や予定地、無人となり放置され朽ちなんとしている家屋、半分以上、いや下手すると9割近くの商店が廃業や休業している商店街などを全国いたるところで見た。

そのなかでも空き家に限って言えば、現在わが国ではそれが増え続けている。戦後の高度成長期に大幅に増えた住宅総数は、ここ10年くらいで伸びが減ったというもの

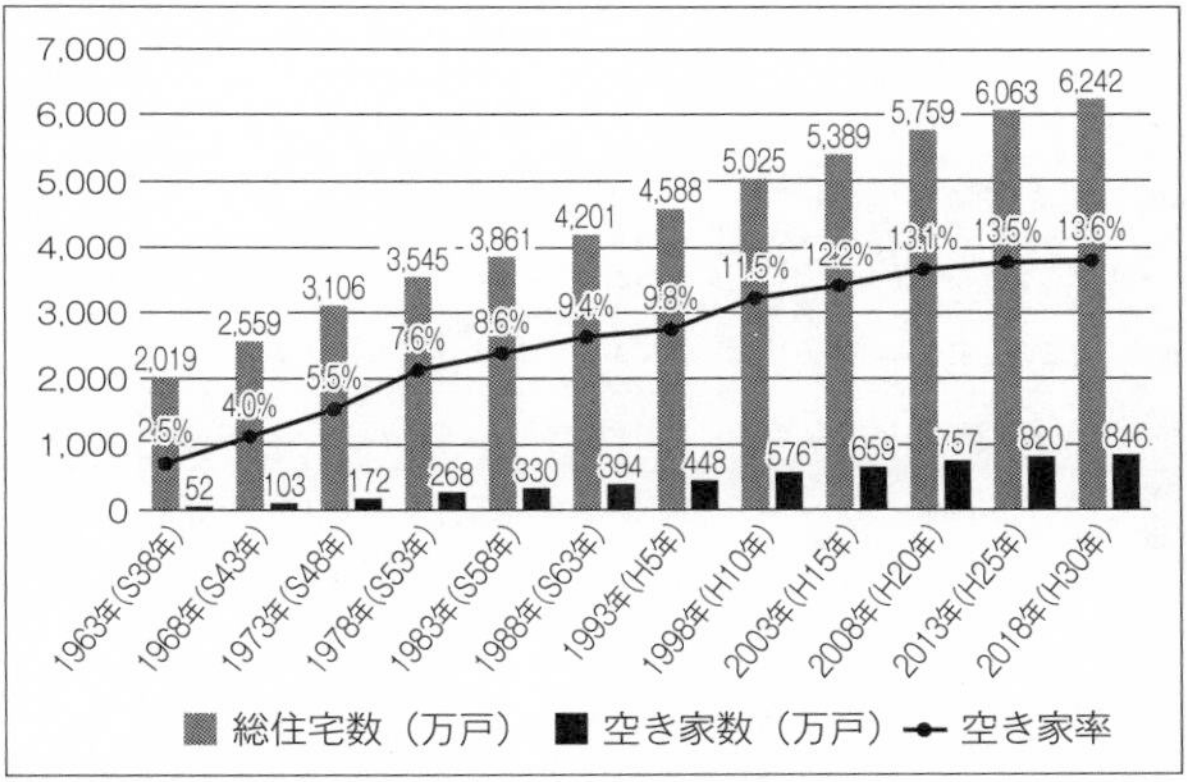

総務省統計局 平成30年度住宅・土地統計調査 住宅数概数集計を参照して作成

図2-1　住宅総数・空き家数・空き家率の推移

の増加基調は変わらない。総務省統計局のデータによると、２０１８年（平成30年）の住宅総数は６２４２万戸、これに対して空き家は８４６万戸で空き家率は13・６％、７軒に１軒は空き家ということになり、今後も空き家率は上がりそうである（図2-1）。

一般に空き家というと地方の過疎地に多いものと思われ、実際に空き家率の高い北海道夕張市の40・０％を筆頭に旧産炭地や大都会から遠く離れた市町村が上位を占める。しかし空き家の戸数については1位・2位は東京都の世田谷区・大田区であり、それぞれ5

順位	市町村名	空き家率
1	夕張市(北海道)	40.0%
2	周防大島町(山口県)	33.4%
3	歌志内市(北海道)	33.3%
4	三笠市(北海道)	31.6%
5	串本町(和歌山県)	30.2%
6	室戸市(高知県)	29.7%
7	土佐清水市(高知県)	28.4%
8	熊野市(三重県)	27.8%
9	山田町(岩手県)	27.8%
10	国東市(大分県)	27.5%
11	肝付町(鹿児島県)	27.5%
12	伊佐市(鹿児島県)	26.6%
13	竹田市(大分県)	26.5%
14	尾鷲市(三重県)	26.5%
15	芦別市(北海道)	26.2%
16	南相馬市(福島県)	26.2%
17	志布志市(鹿児島県)	26.0%
18	美作市(岡山県)	25.9%
19	紀北町(三重県)	25.8%
20	勝浦市(千葉県)	25.8%

順位	市区町村	空き家数	住宅数	空き家
1	東京都世田谷区	49,070	521,110	9.4%
2	東京都大田区	48,080	427,580	11.2%
3	鹿児島市	47,100	319,760	14.7%
4	東大阪市	44,180	271,590	16.3%
5	宇都宮市	44,050	263,230	16.7%
6	東京都足立区	39,530	356,080	11.1%
7	吹田市	38,540	210,910	18.3%
8	松山市	38,360	270,100	14.2%
9	岐阜市	38,320	206,100	18.6%
10	尼崎市	37,130	248,140	15.0%
11	高松市	36,910	222,100	16.6%
12	姫路市	36,480	251,780	14.5%
13	東京都板橋区	36,070	336,280	10.7%
14	東京都練馬区	36,060	376,710	9.6%
15	八王子市	34,870	289,050	12.1%
16	和歌山市	34,210	185,810	18.4%
17	長崎市	32,980	219,750	15.0%
18	金沢市	32,940	237,170	13.9%
19	東京都江戸川区	32,860	340,430	9.7%
20	船橋市	32,120	310,190	10.4%

政令都市は区ごとに集計している。　令和元年住宅・土地統計調査 総務省統計局発表資料より

図2-2　空き家率順位表　空き家数順位表

万戸近い数に上っている。なおこの順位は、政令都市は行政区単位に集計しているものなので、例えば横浜市全体では約18万戸ある。だから空き家問題は戸数が多い大都会の方がより深刻なのである（図2-2）。

空き家が増えそれを放置したままにしておくと、さまざまな問題が生じて来る。移転のところで述べた経済的な問題のほかに、老朽化した家屋の火災や崩壊など周辺住民の安全が脅かされることになる。特に地震や台風などの自然災害が発生した時など、放置されたままの家屋は破損や崩壊のリスクが大きく、それが隣近所の家屋に損害を与えてしまうことが大いに考えられる。だから人が住まないことがはっきりとわかっている家は、解体して更地にするか、人に住んでもらうほかはない。解体については、ずっと以前から言われているがその費用負担などをめぐってなかなか進まない。だから人に住んでもらうのが理想なのだが、人口減が進む今、そんな人を見つけるのは大変だ。だから筆者は、自然災害危険地域に住む人に移住してきてもらうのがベストな解決策であると考えているのである。

その前になぜ空き家が増えるのかについて考えてみたい。人口が減っているから、と言ってしまえば話は簡単だが、一方で建売住宅やタワーマンションから賃貸アパートまで集合住宅も相変わらず建築が進んでいる。なぜなのだろうか。それには大きくふたつの問題がある。ひとつは今まで人が住んでいた家に住まなくなって空き家になった家が増えていること。もう一つはそれにも拘わらず新しい住宅が一方で次々に建てられていることである。

1：人が住まなくなった家が増えている

空き家が増えていると誰もが感じていると思う。しかしその空き家とはどんなものを指すのか、その定義というのが結構難しい。総務省では空き家について図2-3のように定義しており、ここでいう空き家として集計対象としているものが統計上の空き家と言って良いのだろう。しかしこのなかにも、住民登録はされているものの、そこに住んでいる人を見かけないという家屋が結構ある。高齢でどこかの施設に入っているとか、親族（子供や兄弟など）の家に行ったきりになっていて、めったに自分の家に帰らないケースなどである。

これは空き家としての統計には入っていないが、実質的には空き家である。このような実質空き家も地方だけでなく、東京都内や近郊の住宅地にも多くなってきている

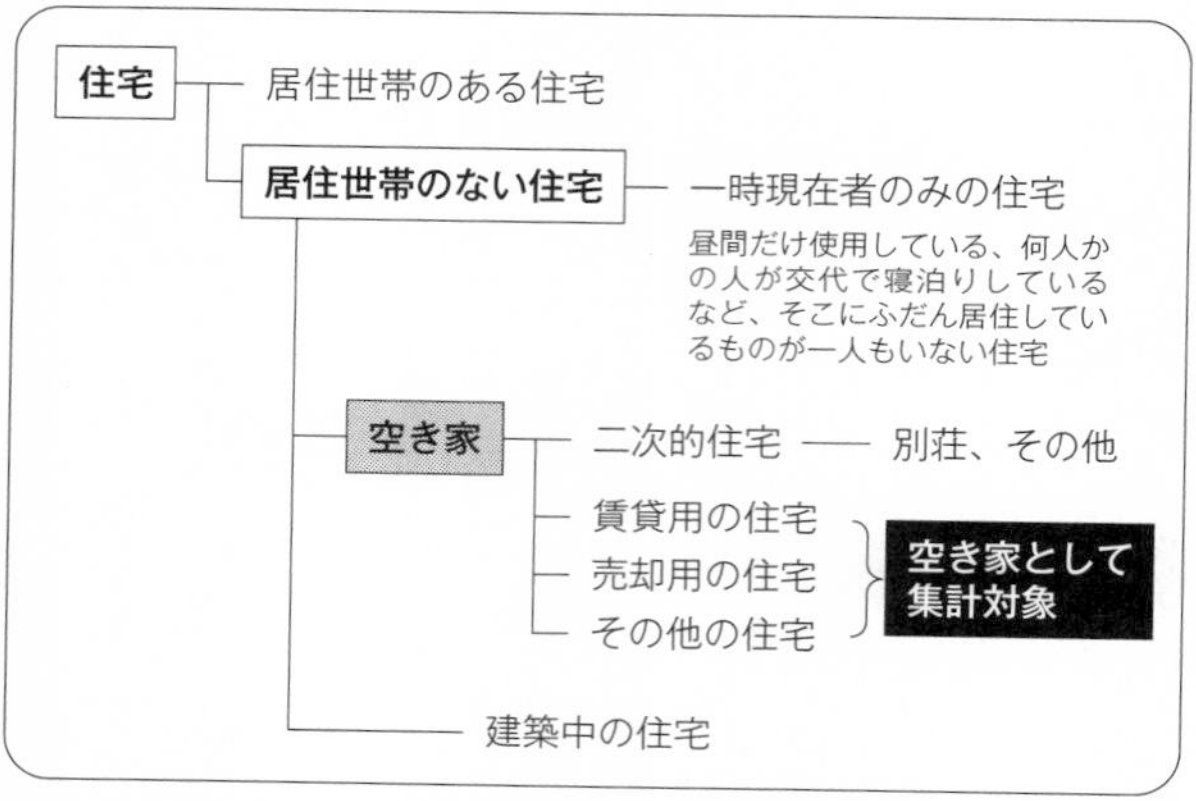

総務省統計局 平成30年度住宅・土地統計調査 住宅数概数集計 用語の解説を参照して作成

図2-3　空き家の体系

ようだが、実態はわからない。

さらにもう一つは、特に地方に多いのだが、仕事で長期にわたって不在になるようなケースで、この場合は本人や家族が住民票を移したくても、人口が減少していることを隠したいために地域がそれをさせない、あるいは甚だしきは選挙の票田として逃がしてくれないケースがある。これは離島など過疎地に行ったときによく聞かされた話である。これは5年ごとの国勢調査人口と住民基本台帳との人口差として現れると思うが、これも実質空き家である。

さらに空き家のなかには、所有者がいるケースと、所有者が誰かわからない、あるいはわかってはいるが所有者という意識がないというケースがあり、問題をより複雑にしている。もう少し掘り下げてみよう。

(1) 所有者がいるのに空き家のケース

これはその実数の把握がむずかしい。特に大都市近郊ではお互いが隣人に無関心であり、プライバシーを侵されたくないという風潮が広がっていることもあり、近所の人に尋ねても実態がわからないからだ。戸建もそうだがマンションなどの共同住宅にさらにその傾向が大きいと聞く。なぜ自宅があるのにそこに住まないのか、それぞれ個人や家庭の事情があるが、それ以前にそこに住み続けたくない、あるいは住み始めた当初は良かったがその後住みたくなくなってきたといった理由があると思われる。

それは以下のようなものではないかと筆者は推測する。

①生活を続ける上で不便になった

若い頃、住み始めた頃にはそれほど感じなかったことが高齢化に伴い不便に感じるようになる。ひとつは移動に関することで、少々の距離や坂でも苦になってきたとか、車の運転がむずかしくなり買物や通院、趣味の集まりなどに行きにくくなったことなどだ。もうひとつは、住民の数が減ったために近くにあった商店や銀行が撤退し、さらに路線バスなどが撤退や減便し、買物などの用務で遠方に行かなければならなくなったことなどがある。

②住む家が老朽化してきた

老朽化に伴い安全性や快適性が損なわれてくる。修理や建替えの費用が工面できない、売りたくてもなかなか希望する価格では売れないなどからとりあえず家はそのままにしておいて親族の許などに身を寄せる。特に共同住宅の場合は修理や建替えが自分一人の意思では決められず、そのままになっているケースが多いと聞く。

③近所づきあいがなくなってきた

これも若い頃は子供などを通じて盛んだった近所づき合いが、高齢化し一人去り、二人去りしているうちに周りに友達がいなくなりそこに住むことが寂しくなったケースである。

④災害に対する見方が変わってきた

これは特に最近のことだが、自然災害の増加とともに、自分の家や住む地域が災害にどの程度耐えられるのかを気にする人が増えたことによる。自治体の発行するハザードマップなどで地震だけでなく、豪雨などによる浸水や土砂災害の危険地域であることがわかると、そこを離れたいという気持ちになってくる。これも家の老朽化と同じように、売りたくても売れないので、家はそのままにして長期的に、あるいは恒久的に親族の許などに避難する人が増えてくる。

これらは住民の高齢化という理由のほかに、過疎化、すなわち空き家が増えたことに起因する、すなわち負のスパイラルによるものであり、それは空き家に人が住むようになれば自然に解決されるはずである。ただしそこが自然災害危険地域であれば、これは別の問題であり別の解決策を求めなければならない。

いずれにせよさまざまな問題から自宅を売りたい、処分したいという思いは強くなってくるのだが、思うようにそれが進まず、それでもそこで生活を続けることがむずかしく親族の家などで生活するようなケースが増えている。特に大都市圏の郊外、それも戦後の成長期に急激に造成された新興住宅地ではそれが多いように思える。

当然のことだが、住宅の売買は需要と供給の関係で進む。そこに住みたいという人がいれば売買が成り立つ。住みたいという家、購入したい家とはどんなものだろうか。それは、

①生活に便利である。これは通勤通学を含めた日常の交通を含めてである

②環境が良い。空気がきれいで静かである、景色が良いなど

③安全性が高い。特に近年多発する自然災害に強い

④長く住むことができる。高齢化や家族構成の変化にも耐えられる

⑤価格が手ごろである

⑥資産価値が保てる。売りたいときに妥当な値段で売れる

これらをすべて満足させる物件というのを見つけるのはなかなかむずかしく、これらはまさに空き家になる理由と裏腹の関係である。人口が減ってマクロでは需要と供給がアンバランスになってくるとともに、個々のケースでも売り手と買い手とのミスマッチというのが空き家発生の原因になっていると言える。

（2）持ち主不明の住宅

持ち主が不明、実質的には持ち主がいない住宅はその管理が行われないことから荒れ放題になり、まちの安全の上からも景観の上からも好ましくない。また区画整理などを行うときに1軒でもこのような住宅があると、このために変更や遅れが生じ社会的なコストが増大する。しかし今の我が国の法体系や世論のもとでは現実にこれを解消する有効な手立てがなく、放置されたままでさらに状況を悪化させている。持ち主が不明になる理由には以下のようなことがある。

①資産価値がゼロか極めて小さいもので、持ち主が死亡しても相続が行われず、それが何代も続き誰が所有者かわからなくなっている

② 所有者が決まっていてもそのようなものを固定資産税や管理費用を負担してまで持ち続けたいと思わないので、所有しているという意識を持たない。またそのような

所有者を見つけ出すのがむずかしい

③相続しても登記は義務でないので、上記のような状態が続く。これは法体系の不備ともいえる

④データベースの一元化がなされていない。法務省の管理する不動産登記情報と、自治体が管理する固定資産税徴収のための情報が連動されていない。さらにはせっかく導入されたマイナンバーカードとの連携もされていない

これらはいずれも簡単に解決できるものではない。だから行政も、また近隣の住民もトラブルなどが発生しなければ放置したままにしておく、というのが現状である。そしてこれらの家は持ち主が判明している場合でも、持ち主の多くは何らかの形で処分したいと考えている。しかし売れれば良いのだが買い手がなかなか見つからないのが現状である。

国や地方自治体に寄付をしたい、あるいは相続時に現物納付したくとも普通はなかなか受け付けてもらえない。現在大半の市区町村では、土地や建物の寄付の申し入れがあっても、自治体に明確な使用目的がない限り受け入れはしていないそうだ。維持管理の費用が出せず、管理する要員もいないためと聞く。今や自治体財政はそこまで追い込まれているようだ。しかし後述の理由から、国や地方自治体は、寄付に対し積極的に受け入れるべきである。とりあえず数年間でも、国有・公有財産として保有しておいてほしい。

2：新築住宅が減らない理由

誰もがより便利で環境が良く快適な住居を求めるのは当然であり、また結婚などにより新居を持ちたいと考え行動することは当然である。またそういう需要がある以上、住宅産業が成り立つのも当然である。本来ならば、住宅総数が必要以上に増えないよう、人が住まなくなった住宅を整理解体するのが望ましいのだが、前述したような状況から一方で放置された空き家が増えているのに、新築が進みその結果住宅の総戸数はどんどん増えている。

さらに、人口を減らしたくないという市町村の事情と、常に新築住宅を作り売らなければならないようなビジネスモデルになっている住宅会社の事情、さらには資金の活用先を増やしたい金融機関の事情から、人口減少が明白であるにもかかわらず新築住宅は増えている。

（1）人口減少を食い止めたい自治体の事情

市町村など自治体にとって人口減少は税収減や地域経済減退につながるのでなんとしても避けたいものだ。総人口が減るなかで、自分のところの人口を減らさないためには近隣の他市町村から住民を引き抜いてくることしかない。すなわち自治体間での住民の取り合いとなる。

それも市街地の中心部や周辺ですでに発生している空き地や空き家を埋めるようにすれば良いのだが、実際は前述のような理由からそれがなかなかできず、それらを放置したまま別の場所に住宅を新築させようとする。住宅はどこに建てても良いというものではない。大多数の自治体では都市計画法にもとづく市街化区域と市街化調整区域との線引きをしている（図2－4）。市街化調整区域は通常は市街地の外周部の、乱開発を防ぐために定めた区域であり、家を新たに建てることはできない。しかし

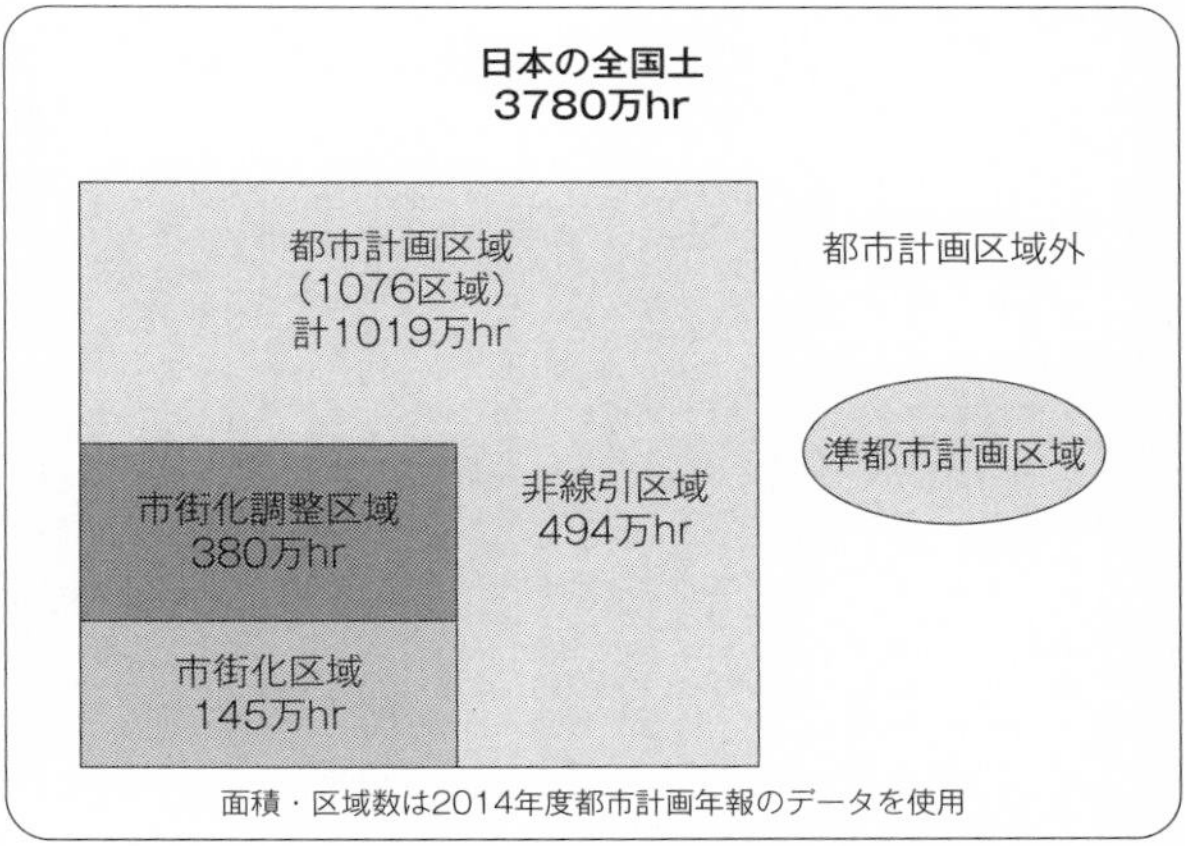

面積・区域数は2014年度都市計画年報のデータを使用
野澤千絵『老いる家崩れる街』（講談社現代新書）を参考に作成

図2-4

種々の事情から、その後例外区域ができ、調整区域でも建てられるようになった。だがもともと調整地域というのは森林や田畑がほとんどで、地域の環境維持を考慮しなければならないはずだったのが、人口維持のためにはどこでも良いから、なりふり構わず人に住んでほしいということで、自治体はその例外区域をどんどん作って行ったようだ。

しかし現実にはそれらの新築住宅は従来の市街地から遠く、

交通も不便なものが多く、新築しても入居者が少ない、すなわち新築空き家となっているものが多く、自治体が目論んだ人口増加や維持には貢献していないケースが多いと聞く。

(2) 土地を有効活用したい土地所有者の事情

農地や山林の所有者は、後継ぎがいないなど農業や林業の継続が何らかの事情でできなくなると、土地の有効活用を図りたいと考えるようになる。住宅会社は、定常的な家賃収入が得られるので賃貸住宅にしたらどうかとか、アパートを建てて事業赤字にして節税対策をしたらどうかといった提案をする。

土地所有者は、とにかく好条件で土地活用ができれば良いのでそういう話には飛びつきやすい。特に大都市近郊では、それによる儲けも大きいので、住宅に変えたいという意欲が出てくる。市街化調整区域内にある土地は住宅地に変えることはできないのだが、前述の自治体の人口減を食い止めたいという希望と相まって、例外策定へのバイアスが働き、農地だったところに虫食い的に新築住宅が建つ。このケースは、特に潜在的に地価が高い首都圏近郊に多いが、最近では地方都市の郊外でも増えている。

（3）新規に住宅を建て続けなければ事業が継続しない住宅会社の事情

住宅会社の中には住宅の保守管理、リフォームなどのストックビジネスを主力に、低成長下でも堅実な企業活動を続けているところがある一方、高度成長期のように常に新築住宅を作り続けなければやっていけないようなビジネスモデル、すなわちフロービジネスを続けざるを得ない企業もある。総人口が減り住宅需要が減少する中で、それでも住宅を作り売り続けなければならない。だから土地所有者の、有効活用や処分をしたいという希望と、自治体の人口を減らしたくないという事情に乗って、住宅を建て続ける。

その中でも土地も資金も持たない個人に対し融資をし、オーナー商法をはじめたところもある。建てたアパートを一括で借り上げ、入居者に転貸する「サブリース」と呼ばれる形態に、旧来からの土地所有者だけでなく、資産を持たない個人にまで勧誘があり、それに乗せられた人も多い。

もちろん需要のないところに建てた住宅に人が住むことはないので、新築空き家というのがあちこちに現れる。新たな空き家発生だけでなく、投資が回収できないとか、ローンの返済ができないといったオーナー商法の犠牲者の出現といった別の社会問題も起きている。

（4）融資先を見つけたい金融機関の事情

銀行など金融機関も、低金利下で稼ぐ手段として前記の住宅会社と組むケースが出てきた。その中でも土地も資金も持たない個人に対し融資をし、住宅会社が進めるオーナー商法に積極的に協力するところも現れた。銀行は利回りの見込めるアパートローンに活路を求め、融資量を膨らませてきた。さらに中には融資先の条件を偽るなどの不正を働き事件となったケースもあった。

一方首都圏の一等地などでは、いわゆる億ションが売れている。しかしこれも低金利の慢性化によって、ローン利用者の支払い総額が大きく減ることによるマネーゲームとして売買が行われているケースが多い。今は外国人による投資対象としての購入が多いそうで、実際に入居があるのかどうかはわからない。

いずれにせよ、金融機関にとっても、総需要などとは関係なく、低金利下の資金運用先として、今後も住宅が作り続けられているということが望ましいのである。

3：首都圏近郊の空き家問題の実態

限界集落という概念が使われだしてもう30年くらいになる。その言葉から来るイメージは大都会から遠く離れた過疎地とか地方の村落などの話のようであるが、実は首都圏郊外のニュータウンと呼ばれる高度成長期に開発された住宅地の方が、今や限界集落化が深刻だと思う。空き家率と空き家数のところで述べたように、首都圏では率ではまだ際立って高くはないものの、絶対的な戸数が多いために、すでにさまざまな問題が出始めている。大型店舗の閉店も、これらのニュータウンのものを良く聞く。筆者が住んでいる住宅地は、まさにそのようなところだ。筆者の実体験を含めてここでの問題点や解決に向かっての施策について紹介する。

筆者の住む住宅地とは、川崎市北部多摩区の丘陵上にあり、概ね６００m×３００

mの長方形のところに447世帯、1040人が住んでいる。もともと谷戸だったところに、周囲の丘をけずり谷を埋めて造成したもので、中心部分の標高は約60メートルである。1997年には678世帯、1578人が住んでいたが、その後大手企業2社の社宅がなくなり、その跡地が無人のまま残り、それ以外でも毎年少しずつ人口が減っていた。

世帯数、人口は川崎市が町丁ごとの人口推移として公表している川崎市多摩区長尾6丁目のもので、造成された住宅地とほぼ同じ範囲なので、その数字を使っている。ただしこの数字は住民基本台帳に記載されているもので、実際に住んでいる人の数は前述のような理由からもっと少ないようだ。高齢化で子供など親族の家に住み、たまに家を見に来るという人が結構いるようだ。だからここにも明らかな空き家というもののほかに、このような実質的空き家を含めれば7～8軒に1軒くらい、率にすれば13％くらいと全国平均並みにあると思う。そして近年の少子高齢化、若者の都心回帰がこの地区でも同様に起き、今後は空き家がさらに増え過疎化から限界集落化、さらには集落の消滅に向かうこともあると思われる。

筆者は現役時代、朝は南武線の久地駅まで15分ほど歩き、帰りは登り坂がいやだったので家族に駅まで車で迎えに来てもらっていた。車がなければ生活ができない住宅地である。このような、同じころにできた、同じような規模、同じような問題を抱えた住宅地というのは川崎市の北部や横浜市、東京都の三多摩地区に多くあり、どこも同じような傾向だと思われる。

ただ筆者の住む地域は、新たにコミュニティバスを走らせたことで人口減に歯止めがかかったかも知れない。今から約13年前、こうなることをある程度予想し、車がなくても生活できるまちにしようとコミュニティバス導入の運動を始め、筆者もこれに関わった。ある一定以上のサービスレベルの公共交通が提供されればマイカーに取って代わるかも知れない、それによって高齢化が進んでも過疎化は免れるかも知れない。それには早朝から深夜まで1時間に最低2本、鉄道駅とを結ぶ運行が必要と考えた。それを人口1000人程度のエリアで、平日1日300人程度の利用でも、行政の運行補助なしで採算がとれるものを目指した。

住民有志による導入推進協議会が中心となり、川崎市と折衝を重ねるなどして、あしかけ7年で運行開始にこぎつけた。マイクロバスの購入費用は市が出してくれたが、運行での赤字は地元多摩区に本社のある中小の貸切バス事業者が負担している。初年度は事前アンケートの予想に比べ利用が少なく赤字額も大きかったが、利用者が年々増え、6年目に入った今年（2020年）には単年度黒字になると見込んでいたが、コロナ禍で利用者が大幅に減ってしまい目算が大きくはずれてしまっている。それでもここ2～3年、家を建て直し二世帯住宅にするケースが増えていることなどから人口減が止まっている。また20年近く空き家だった大手企業の社宅跡地のひとつに107軒入る低層型マンションが建設中で、来年早々には入居が始まるので、人口増に転ずるはずである（図2-5）。

コミュニティバスが走るようになってからの効果は、このような人口減に歯止めをかけたほか、住民同士がバス停や車内で挨拶を交わすようになるなど親睦が増し、街灯のLED化を進めるなど住民の「意識の共有化と共同での取り組み」姿勢が出てきたようにも思える。今後さらにスマートシティ化へも進めば良いと思っている。

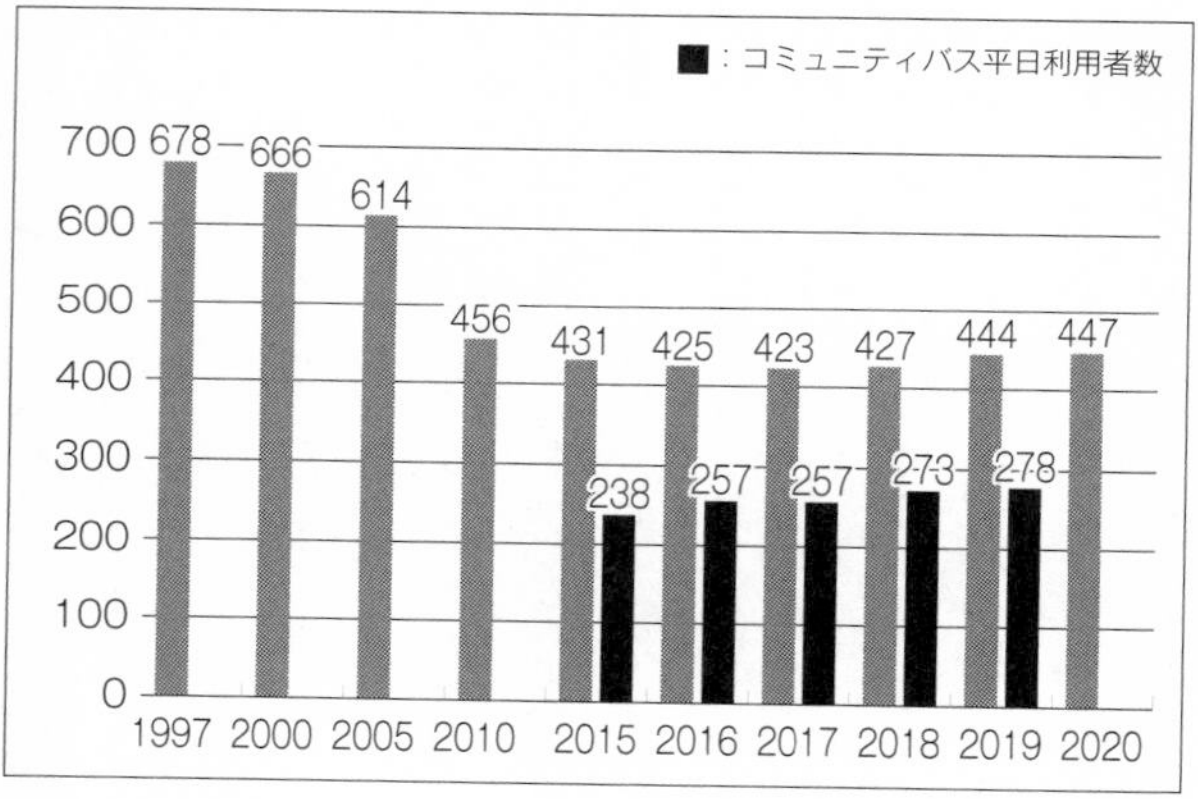

世帯数は4月1日住民票の数字

図2-5　川崎市多摩区長尾6丁目世帯数の推移

一定のサービスレベルの公共交通提供により、車がなくても生活できるまちとなり、過疎化にブレーキをかけられるのでは、と当初考えていたことが、証明されつつあるのではないかと思っているが、これには単一の自治会のもとで進めることができたなどさまざまなラッキーが重なり、他所ではなかなか進めるのがむずかしいようだ。それは人口１５０万の川崎市で、運行中のコミュニティバスが2件しかないことからも言える。たまたま１０００人前後の一つの住宅地で、住民の流出が減ったということではあるが、このようなやり方を1か所ずつ進めていっても大量に発生する空き家問題を解消させることはとてもできない。もっと全体的に解消することを考えなければならない。それが自然災害危険地域からの大量の移住である。

戦後の高度成長期に、全国的な人口増加と、大都市圏への人口の移動により全国各地に「ニュータウン」が相次いで出現し、増加する人口を郊外で受け入れようとした。そしてその世代の高齢化により今の郊外の空き家が多くなっているのが現実である。国立社会保障・人口問題研究所の発表によれば日本の人口はこのままで行けば50年後の２０７０年には今の三分の二くらいになるそうだ。仮に世帯数も同じ割合で減るとすると、今人の住んでいる住宅の約三分の一が空き家になる。かなりのスカスカであり、隙間だらけのまち、すなわちスポンジ状態のまちとなる。そうなると道路、水道、電気などのライフライン維持のための行政の負担が増えるが、それは結局税金を払う住民の負担増となる。また公共交通や宅配などの住民向けサービスを提供する側からしても、いつまでもサービスの質を維持できるとは限らないし、料金への転嫁も避けられなくなり、それも結局は住民にとっての負担増になる。

一方空き家の所有者という立場から、空き家を持ち続けるリスクというものを考えてみた。これも筆者の話であるが、筆者の子・孫が将来苦しむことにならないとも限らない。今の自宅は土地45坪、建坪40坪ほどの2階建、築後35年、地震に強いようにとRC構造で建てたものだが、現在固定資産税を土地・建物を合わせて年間20万円ちかく払っている。筆者も家内も死んだ後、そこに住まない子や孫たちが売ろうとしても売れなかった場合、住まずにこの家を持ち続けることになる。その場合少なくとも固定資産税は払い続けなければならず、家の清掃や立木の手入れなどで年数回は訪れて保守したりする費用などを考えれば年間20~30万円を払わなければならないかも知れない。10年続けば200~300万円になる。

相続しても相続税が払えないとか、上記のように持っているだけでコストがかかることを考えると、筆者の子孫たちも国または自治体に寄贈したくなるかも知れない。しかし今、国も自治体も土地や家の寄贈は、それの用途が決まっていないときには受け取ってくれないだろうから、苦労するだろう。最近不動産が負動産といわれているとよく聞く。

この問題を放置しておくことも日本経済の崩壊につながりかねないとも思う。2014年5月日本創成会議が2040年には日本では896の市区町村が消滅可能性都市になるという発表をして話題になった（『地方消滅』増田寛也編著、中公新書）。今の趨勢《すうせい》から見ると間違いない試算だと思う。問題はそこに行く過程である。残す自治体と消滅させる自治体を事前に選り分けるという作業を行い、消滅させる自治体の無人化への工程を明確にすることと、消滅後をどういう形にするかのデザインを描くことが必要である。

それを行わないと、消滅した集落の跡は荒れ放題になり、あらたな環境問題や自然災害を起こす源にならないとも限らない。だからそのようなところに対しては、事前に移住する住民への手厚い支援を行い、跡地を自然に戻すような手を打つべきだ。夕張市の大夕張地区の斜面にあった炭鉱住宅跡はすっかり見事な森林になっていて、ここに住宅街があったとはとても思えないような自然復旧ぶりだった。

だからもしも、今自然災害危険地域に住んでいる人々にこれらの空き家に移り住んでもらうことができれば、スカスカの状況が変わってくるだろう。もちろんそれらの人たちが希望する移転先の条件と、実際の空き家の条件とが完全に一致するとは限らない。しかし移転せざるを得ないような状況になれば、そう何もかも希望通りには行かず、ある程度の我慢はしてもらわないとならないだろう。

消滅する自治体の数が896かどうかはともかく、このなかには全域が自然災害危険地帯でありそれを理由に自治体を閉鎖するところもあるだろう。江東5区はまさにそのようなケースとして筆者は提案するものである。逆に、首都圏近郊の自治体などで、自然災害危険地域からの人を呼び込むことによって街が復活し、新たな発展に向かうところも出てくるだろう。

空き家問題はどこの自治体でもその重要性を自覚し解決のための施策を打っているが、今やっていることは、空き家となっている建物1軒ずつを住民のコミュニティの場所にするなど有効活用しようとする施策がほとんどである。もちろんこれもやらないよりはやった方が良いことだが、空き家問題は今や1軒ずつ丁寧にやって行くには数が多すぎる。たくさんの空き家をまとめて解消するような施策が必要である。

4：そしてスマートシティに

このような形で空き家に人が住むことによって、ニュータウン建設当時のまちの姿に戻ることが期待できる。いったん閉店した商店や飲食店が再開する。撤退したバスが復活する。若年層も住み始めるかも知れない。まさにニュータウンの復活である。でもせっかくならばさらなる発展をめざしたい。

最近スマートシティの話題が多い。住宅街でソーラー発電した電力を共同で蓄電し使う、自動運転型のＥＶやバスが街中を走る、キャッシュレス決済、ドローンによる自動配送、ロボットによる買物などの生活支援や介護、遠隔医療、など夢のある住宅地だ。エネルギーコストを含め生活費が安く、空気が良く、高齢でも安心して暮らせるなど魅力的だが、最大のメリットは災害に強いことだろう。高台ならば洪水はないかも知れないが、地震の被害からは免れられない。しかし地震が起きても電気や通信は保たれる可能性は高い。

「先端技術活用によるまちづくり」を行う都市を作るということで「スーパーシティ法」が今年5月に国会で成立した。さまざまな優遇措置と規制から自由とした特区をつくり、上述したような機能をもつまちづくりの支援をするそうで、希望する市町村を募集するそうだ。国としても、経済、環境、安全の面から今後はスマートシティを推奨して行くのだろう。またそれとは別に、トヨタ自動車など大手メーカーやデベロッパーによる先端技術を駆使した新規住宅地の開発も進んでいる。

筆者は昨年自宅のリフォームを行った際に、ソーラー屋根と蓄電池を導入した。東京電力に支払っていた電気料金が半額以下になったとともに、その1～2倍の売電収入を得ることができるようになった。理論的には、筆者の自宅以外に2～3軒分の電力を賄えるということになる。ソーラーの効率というのは近年飛躍的に向上しているように思う。ただし蓄電池についてはまだまだの感があり、今後の日本の技術開発力に期待するところ大である。それでも蓄電池技術は年々向上するだろうから、いずれは住宅地全体で共同でそれを持ち、電力料金の削減と災害に強いまちづくりをする。まさにスマートシティである。わが住宅地もそうなってほしいと願っている。

災害危険地帯から移住してくる人たちを迎えるにあたり、まちの再生からさらにスマートシティを目指すところがあっても良いと思う。例えば今空き家率が高いところでも移住者を呼び込む手段として、スマートシティが実現すれば、逆転ホームランのようなものである。

さらにスマートシティに住みたいと思うような人は、新しいテクノロジーにもとづく、蓄電池つきのソーラー発電、自動運転機能をもつＥＶ、家事支援ロボットなどを買いたいと思うのではないだろうか。これは久しく聞くことのなかった言葉、三種の神器の令和版、新々三種の神器かも知れない。これの成功事例がいくつか出てくれば、これらをもちスマートシティに住むことが国民の新しい夢になるのかも知れない。

日本中いたるところにスマートシティができれば、石炭火力や原発は不要になるかも知れない。少ない人口で生産性の高い経済活動が行われる、これこそ人口減少に進む日本が目指す道ではないのだろうか。そして何よりも、新々三種の神器を競って持つことが流行れば、貯蓄が消費に回り経済の活性化が期待できる。

自然災害危険地区からの大量移住とともに、移住先のスマートシティ化も同時に進めることにより、新たな成長路線が描けると思うのである。

［3］実現可能性を探る

実現可能性を探る

このようにして、住宅や企業の大移動によって、空き地・空き家という経済活動の足を引っ張る無駄な資源を減らしながら自然災害による被害を最小限にする。そして国民の大移動という乗数効果も期待できる政策により経済に活を入れ成長を促す。ただしこれを成功させるためには、推進するための新たな仕組みや手順が当然ながら必要である。

前述した通り、筆者が全国３２５９の市区町村を公共交通機関でまわって実感したことは、日本は広い、そして使われていない土地や空き家が、郊外はもちろん都市の中心部にも多かったことだ。そういうところでは市街地再開発のためにコンパクトシティ化を目指すところが多い。それも含めて、最近では人口減への対応を先取りしようとする「スマートに縮小する（Smart Shrink）」ということが言われ始めているがまさにその通りである。筆者はもっと積極的にそれを「戦略的凝縮（Strategic Condense）」と言いたい。単なる縮小ではなく、国力を再び高めるために資源やエネルギーをいったん集めて凝縮することによってポテンシャルを高める、すなわち将来に向けての力を蓄えるのである。

ただしいずれにせよ、人を移住させなければならないのだが、実際にそれがなかなか進まない。行政などがこれを進めようとすると、先祖が苦労して手に入れた家を捨てるのは忍びない、新しいところに行っても新たな人間関係を構築するのが億劫だ、自分はこのまま静かに生きてここで死にたい、など移住対象者のそれは嫌だという声が必ず出て来る。そしてそのような声は、弱者切り捨てだなどといったマスコミが好んで飛びつく話題に結びつきやすい。

移住を促進するために、より快適だとか便利なところに行けるのだといっても、人はなかなか動かない。筆者は「今それを必要とするやむを得ない理由」がなければ人は行動に移さないと思っている。「やむを得ない理由」の最大のものは仕事であり転勤の場合は仕方なく動く。ほかに子供の学校などもそうかも知れない。社会全体のためとかコンパクトシティ化のためだと言っても、そう簡単に動くものではない。

　では防災はどうだろうか。近年の自然災害の多発によって人々の考え方が変わりつつあるのかも知れない。だからと言って強制的にこれをしようとしても反発を招くだけかも知れない。まず納得してもらうというきちんとした手順が必要であることは言うまでもない。

1：国民への十分なＰＲ

このような考えに賛同いただける経済人、学識者、官僚、議員、マスコミなどによる構想の精緻化と、そのＰＲ活動がまず必要だと思う。なぜこのようなことをしなければならないのか、何もせずにこのまま放置しておくとどんな問題が発生するのかということを、国民に知ってもらわなければならない。新聞、雑誌、テレビなどのメディアを総動員し、また全国各地での説明会を実施し、以下のようなことを最小限理解してもらう。これを推進する勢力に政権をとってほしいと思う。

以下のような説明が必要と考えるが（1）～（3）は主として現在危険地帯と思われる人々向けである。しかしこの問題は日本人全体で考えなければならないことなので（4）～（6）を全国民に理解してもらう必要がある。

（1）日本は世界のなかでも地震や台風など自然災害の多い国であり、危険地域に多くの人が住んでいる

まず我が国は自然災害に対してきわめて脆弱なことを国民に知ってもらう必要がある。これには国際比較を含めた客観的なデータを使うことで納得が得られるだろう。そして対症療法的ないままでのやり方がもはや限界に近いことを併せて納得してもらわなければならない。

もちろん今まで何も手を打ってこなかったわけではなかったが、なかなか計画通りに進まず時間がかかっていた。ダム建設や遊水地、堤防増強などの河川改修など、予算の制約もあるが、このような事業をするときに必ず反対意見があるからだ。なかには個人の利害関係での反対もあるが、その多くは効果に対する疑問であったと思う。群馬県の八ツ場ダムは計画から70年かけてやっと完成することになったが、熊本県の川辺川ダムなどは、50年たち役場などは移転しているのにまだ本体工事が始まっていない。このような例は枚挙に暇がなく、これによる国費の無駄使いが実に多かったが、

そんなことで時間だけがいたずらに過ぎているのが現実だ。その間も危険が去らない状況が続いているのである。

（2）いったん自然災害に遭って被災すると、もとの生活には戻れない

地震や台風で被災した方々の苦しみはテレビや新聞などで知ることができるが、そこで語られているのはほんの一部の人であり、実際ははるかに多くの人が苦しんでいる。命が大切ということは当然であるが、命さえ助かれば良いということでは決してない。財産を失うだけでなく、まずもとの生活には戻れない。家のローンが残っているケースなどさまざまあるが、家族の写真や長年かけて収集したもの、気に入った家具や食器、ペットなども失うかも知れない。そして失ったものは、まず戻ってこないだろう。経済的な損失だけでなく、心身的な喪失が残ることだろう。

さらにこれも実際に起きていることだが、家の再建や修復をしたくても、災害が同時多発的に発生したときには、業者の不足などから順番待ちということになることが

多い。長期間、場合によっては数年間避難生活を続けなければならないという話を良く聞く。

（3）危険地域に住んでいる人の解決策はそこから移住することしかない

上記のような現実から、危険に遭わないための根本的な解決方法は、その場所から離れる、つまり逃げるしかない。移転先は、危険の少ない場所を国が用意する。大半は既存の市街地や住宅街の中にあり生活の利便性が今よりも大幅に損なわれることはないはずである。今住んでいる家は、移転に必要な費用などを考慮し国が妥当な価格で買い取る。移転した跡地は緑地や湿原など自然に戻す。そのための必要な資金も国が出す。

（4）日本は人口が減り続け、東京や一部の都市の中心部以外はスカスカになりその悪影響が出る

自分たちの住む地域が低密度、すなわちスカスカになるということは、ある程度の人口を前提として成り立つ商業施設や学校、医療機関などが減ったりなくなったりして、生活を続ける上での利便性や安全性が損なわれることになる。また路線バスなどの公共交通機関も減便や廃止となり、それによりさらに住民が退去するという負のスパイラルに陥る。その結果行政や物流などのコストが上がり、それはやがては税金や物価になって自分たちにはね返って来る。

だから逆に空き家が埋まり、周辺人口が旧に復すれば、いったん撤退した路線バスや商業施設などが復活し、生活の利便性がもとに戻ることになる。

(5) 人や企業の大移動により経済活動が活気を取り戻す

これは平成になって停滞した日本経済を再び成長軌道に乗せるための施策でもある。今回の投資は、危険地帯に住む人の土地や住宅を国が買い取ることに、また空き家の持ち主からそれを買い取ることに大半が使われる。危険地域の人が自宅を売った金は、新しい家を買い、引越しをし、家電や家財道具を買わなければならないから貯蓄として残らずに大半が消費にまわる。なかにはこれを機にスマートシティ対応に向かう人もいるだろうから新々三種の神器のマーケットが活況を呈す。引越しをすれば親戚や友人を家に招く。お祝いやお返しをするだろうから多くの業界が潤う。平成になってからの公共投資が、消費に向かわず貯蓄にまわることが多かったのは、土地収用をしても土地所有者のみが儲け大部分が貯蓄にまわっていたからだ。乗数効果も期待でき、現在のニューディール政策でもある。

（6）このために消費税を上げる

これをしなくても人口減少のもとで先進国型の福祉を続けるためにはいずれ消費税のアップは避けられない。もっと状況が悪くなってから、追いかけられるようにアップするのではなく、危険が少ない効率の良い国土をめざし、さらに経済の復活を戦略的に行うために、それに先んじて今行うことに意味がある。人口減少下でも経済を成長させ、1人当たりGDPを上昇させるにはこの方法しかない。

2：国による直轄事業とする

国が方針を決めあとは地方にやらせる、という今までに多かった方法はとるべきでない。理由は、今の日本では県レベルでも市町村レベルでも規模が大小さまざまで、その推進能力に大きな差があり国民の間に不公平感をもたらすことになるからだ。またどうしても地域間競争や我田引水によって、国の作る最適プランが実現せず、違った形の骨抜きのものになってしまう可能性が高いからでもある。

（1）実施のための専門省庁を作り、副総理クラスの実力者を担当大臣に充てる

このことに特化した省庁を作り、副総理クラスの大臣を据え、官民から志の高い人

材を高給で迎える。また全国に出先機関を設け、これに関わるすべての仕事をする。命令系統はトップダウンとし、縦割りによる弊害が起きないようにする。菅内閣になってから計画されているデジタル庁も、この組織に含める。

この省庁の責任、権限、仕事の内容は多岐にわたり膨大なものになることが考えられるが、大まかには以下のものとする。

①計画作成
危険地帯でかつ移住対象とする指定エリアを選定し、移転実施を行う優先順位をつける。該当するエリアの跡地計画を立てる。

②関連するデータの統合管理
後述する統合データベースを作成し管理する。今計画されているデジタル庁の機能ももつ。この省庁内に日本国のＣＩＯ（最高情報責任者）を置き、データ維持更新と機密保持の責任を持たせる。データ統合のための要件定義やシステム設計のためのス

キルを持った要員を集める。開発、テストについては外注でも良い。

③移住対象エリアに住む人との折衝

該当エリアの住民世帯ごとに、移住の必要性、それによる効果、段取りなどを丁寧に説明し理解を得る。もちろん反対する世帯も多いと思うが、その意見を聞きながら説得活動を行う。そして移住先の斡旋、価格などを含む契約交渉を経て、引越しの相談やサポートを行う。このための要員が多数必要となる。

④空き家保有者との折衝

空き地・空き家の所有者が判明しているときは、当該物件の国への無償寄贈、もしくは安価での譲渡をさせる交渉を行う。これを行わなければ、所有者は永久に「負動産」として持ち続けなければならないはずである。また所有者不明の物件に対しては、一定期間の公示などの探索作業をし、それでも所有者を見つけられないときは、国有財産とする。

（2） 関連する法律の整理

これらの個別の作業を行う前に、関連法律の整備が必要である。まずこのようなことを行う上での理念や権限、責任を謳う必要があり、移住対象エリア内の説得に応じない人への強制的な働きかけ、所有者が見つからない空き家の国有財産への編入などができることを法律で規定する。

（3） データベースの統合

今回のコロナ禍で10万円の一律給付金支給のためにマイナンバーが殆ど機能していなかったこと、また政府や自治体の設備が遅れていて、リモート会議が殆どできなかったということが報じられている。さすがに政府も住民記録や税・社会保険などを管理する自治体のシステムについて、標準仕様への統一を義務付ける新法を制定する検討に入った。さらに各省庁で足並みのそろっていないデジタル情報の一元管理や国と地方のシステムの共通化を進める行政のデジタル化を進め、それの司令塔として現在の政府ＣＩＯである内閣情報通信政策監の権限を強化する。これを２０２１年の通常国会に提出予定のＩＴ基本法改正案に盛り込むそうだ（２０２０年8月4日付日経新聞）。

一方行政のデジタル化によって損なわれる利益や弊害にも留意しなければならない。件の10万円が機能せず混乱が生じた要因は、もともとマイナンバー制度が個人情報を一元管理しない構造にしているからであるが、これは国家による情報の一元管理を防ぐという思想のもとに、個人のプライバシーを侵害することがないよう設計された結果からである。不正アクセスによって全国民のデータが漏洩したり失われたりしないようにするための、必要な措置のひとつであった。

確かに国民の多くが国に情報を握られたくないという漠然たる不安感とか、警戒感のようなものを持っている。しかしこれはシステムの設計次第でいくらでも防げるはずである。ただしどんなにセキュリティレベルの高いシステムを作っても漏洩をゼロにすることはできないので、漏洩が起きた時のログの把握を万全なものとし、漏洩に関わった個人や組織を事後的に探し出し、刑事罰にするなどの制度を同時に定めるところまで進めるべきである。そしてこのような仕組みをマスコミ等を通じて国民に説明し、国民が正しく理解し余計な不安を持たないで済むようにしなければならない。

そのうえで空き家に関する情報管理だけでなく、国民生活全体に関わるデータの一元化を是非進めてほしい。大移住プロジェクトが本格的に動き出すまでには、データ一元化がかなりのレベルまで進んでいることを期待したい。

（4）資金管理

莫大な金が動くので、厳正な管理を行う財務部門を置くことは言うまでもない。

（5）広報

常に国民に向けて、進捗状況や発生する課題、それをどのように解決したかなどをタイムリーに知らせる広報部門も必要である。

(6) 監査

この組織はおそらく最盛期には1万人を超える要員となり、莫大な金と権限が集中するだろう。運用を誤るとかつての陸軍のように暴走しないとも限らない。それを監視する仕組みも一方で必要である。組織内だけでなく、外部からも監査する仕組みが必要である。

またこれが本当に公平、公正に運用されているかを常に監視し、必要があれば制度設計を見直すこともしなければならない。さらにこのようなことが始まると、中には不正を働いたり、これに絡めた詐欺のようなことも出てくるかも知れないので、それらに関する厳重な管理も必要である。

3：財源は消費税の増税で

世界の先進主要国の中には、低負担低福祉のアメリカ型の小さな政府の国から、高負担高福祉の北欧諸国のような大きな政府の国などまちまちである。主要先進国の中で、日本は小さな政府である。少ない公務員が、少ない税収で、先進国並みの社会福祉を行っているので無理が重なっている。そうなったのは、昭和後半の高度成長時代の人口ピラミッドと所得が毎年上がるという、きわめて幸運な時期にできたスキームをそのまま踏襲し、かつ平成になってからの無駄を減らせというムードから公務員を削減して行ったからである。

その結果が世界的にも突出した財政赤字に現れている。自国通貨で国債を発行すれば問題ないというMMT推進派でも、まさかこのまま財政赤字を続けたままで良いと

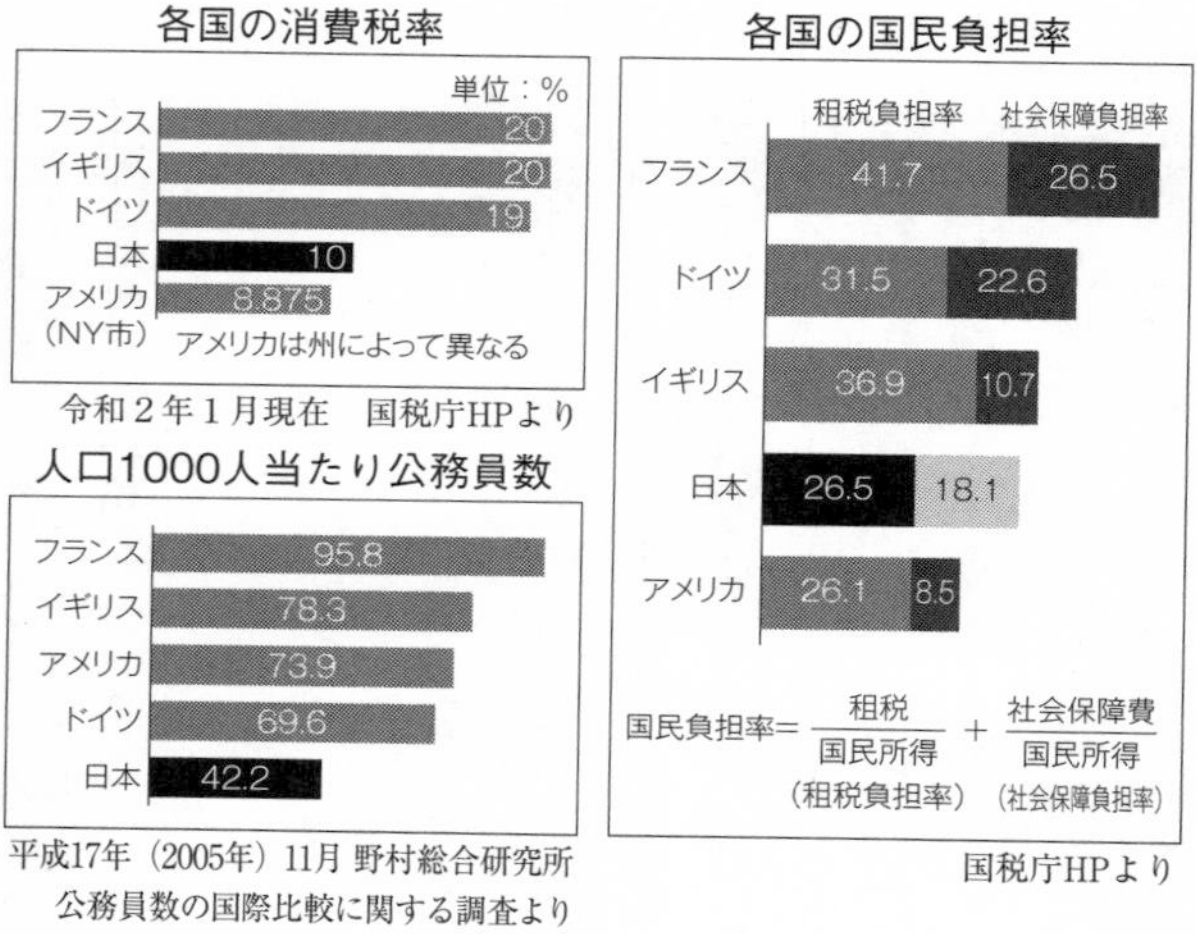

令和２年１月現在　国税庁HPより

平成17年（2005年）11月 野村総合研究所
公務員数の国際比較に関する調査より

国税庁HPより

図3-1

は言わないだろう（図3－1）。

この大移住という話がなくても、人口が激減し高齢化がますます進み、かつ社会福祉のサービスレベルを落とさないということであれば、やはり遠からず消費税増税は避けて通れないだろう。人口規模でイギリス、フランス、ドイツよりも小さな国になるかも知れず、高齢化がますます進むのであれば、これからは高負担高福祉に向かわざるを得ないだろう。

いずれは消費税をヨーロッパ各国のレベルである15～20％までもって行かなければならない時がくるだろ

う。そういうことは政府もメディアも、そして多くの国民もわかっていながら言わない。言いにくいことは言わないという変な空気が日本には漂っている。事態がどんどん悪化して、追い立てられるように後ろ向きに増税をするのではなく、戦略を立て、先手を打つべきである。

日本は少子高齢化に伴い社会保障費が年々すごい勢いで伸びているのに、消費税の10％化を決めてから実施までに5年も要した。いずれ上げなければならない消費税ならば、まず今回のようなプロジェクトに使い、それにより再び高度成長が期待できる、ということをきちんと説明した方が国民の納得が得られるのではないだろうか。もちろん低所得者のためのセーフティネットは一方で必要だ。そのためにもマイナンバーに連動する日本国データベースを作らなければならない。その辺の工程表を示しながら、消費税を増税して行くことを提案する。

ポピュリズムに流される今の政治家やメディアがもう少し長い目で将来を見て、国民の嫌がるようなことを堂々と説得するようにしてほしいし、国民もそれを聞いて理解する努力をするべきである。いやいきなりそこまで行かなくとも、そのような選択をする前の議論、すなわち国民の間での問題点を共有するよう、政治家もメディアも国民も努力してほしいと思う。

［4］日本の経済を蘇らせよう

日本の経済を蘇らせよう

日本経済の高度成長が終わり、失われた20年とか30年とか言われているが、今や全く精彩を欠いているどころか危機的状況にあると言える。それはいわゆる高度成長期とその後では、日本を取り巻くさまざまな環境が変わり、その舞台装置といったようなものが全く異なっているのだから、誰が何をしてもうまく行かないはずだった。だからと言って、あきらめるわけには行かない。このままで行くと子・孫たち、さらにその先の世代が今よりももっと不幸になる。我々の代の責任としてこれを見過ごすわけには行かない。政治家や官僚、さらにはマスコミの批判をするのではなく、国民ひとりひとりが自分の責任として考え行動しなければならない。

高度成長期と言われた昭和の後半と、平成とがどんなに違っていたのかを、主としてＩＴ関連の営業職に携わっていた筆者の目から見たこと、感じたことを述べるとともに、令和になって何をすべきかについての提言をさせていただく。

1：順風満帆だった高度成長期（昭和後半）

高度成長時代がいつ始まったのかについては多くの意見があるが、筆者の生活者としての実感としては概ね１９６５年（昭和40年）頃からだと思う。戦争で壊滅的になった経済の復興に20年、東海道新幹線と東京オリンピックが復興の仕上げと考える。そして高度成長が始まった。それをもたらしたものは、今とは大きく異なる当時の舞台装置、すなわち当時の日本の経済環境だったと思う。それは、

（1）人口増加が進むとともに、若年層の多い人口構成だったこと

（2）第一次産業から第二次、三次産業へ労働力が移転し、生産性が向上し、それと

ともに所得の向上があったこと

（3）地方圏から都市部への人口の移転と、都市部における住宅不足から土価や住宅価格が高騰したこと

（4）技術革新により買いたくなる新商品が次から次へと世に現れたこと（三種の神器、新三種の神器）

（5）将来はもっと豊かになるという夢を国民が抱いていたこと

これらはもちろん相互に関係のあるものだが、成長に向けてのさまざまな舞台装置がすべて揃った大変ラッキーな時代だったと思う。そのなかでも、筆者は特に（5）将来への夢、が大きかったと思う。すべてについて世の中が前向きだった。サラリーマンはローンで自宅を持つことに何の疑いも持たなかった。

私事になるが、筆者は1968年に就職、73年に結婚し、半年後に横浜市住宅供給公社の540万円という分譲マンションに幸運にも倍率23倍という抽選に当たり入居した。このときの手持ち資金が70万円で、それを頭金とし残りはローンとした。5年後に福岡に転勤となり、この家を売却しすべてを精算したら700万円が手元に残った。5年間家賃相当の額をローンの返金として支払いながらである。そして「夢よ、もう一度」とこの700万円を頭金に福岡でマンションを買った。6年後再び転勤で売却したときに残ったのは増えも減りもせず700万円だった。1985年のことで、実はこの頃から舞台が第一幕のフィナーレに入り、「成長のための装置」が効かなくなり、成長が止まりかけたのだと思う。

なおこの間大卒初任給は約3万円から平均14万円となる一方、JRの初乗り料金は20円から120円になっている。ここ最近30年の動きに比べると非常に大きな伸びだったように思えるが、ある意味経済の実態（実力）を反映していたのだと思う（図4-1）。

さらにこの間に、日本は世界でも稀に見る低負担・高福祉の国になった。先進主要

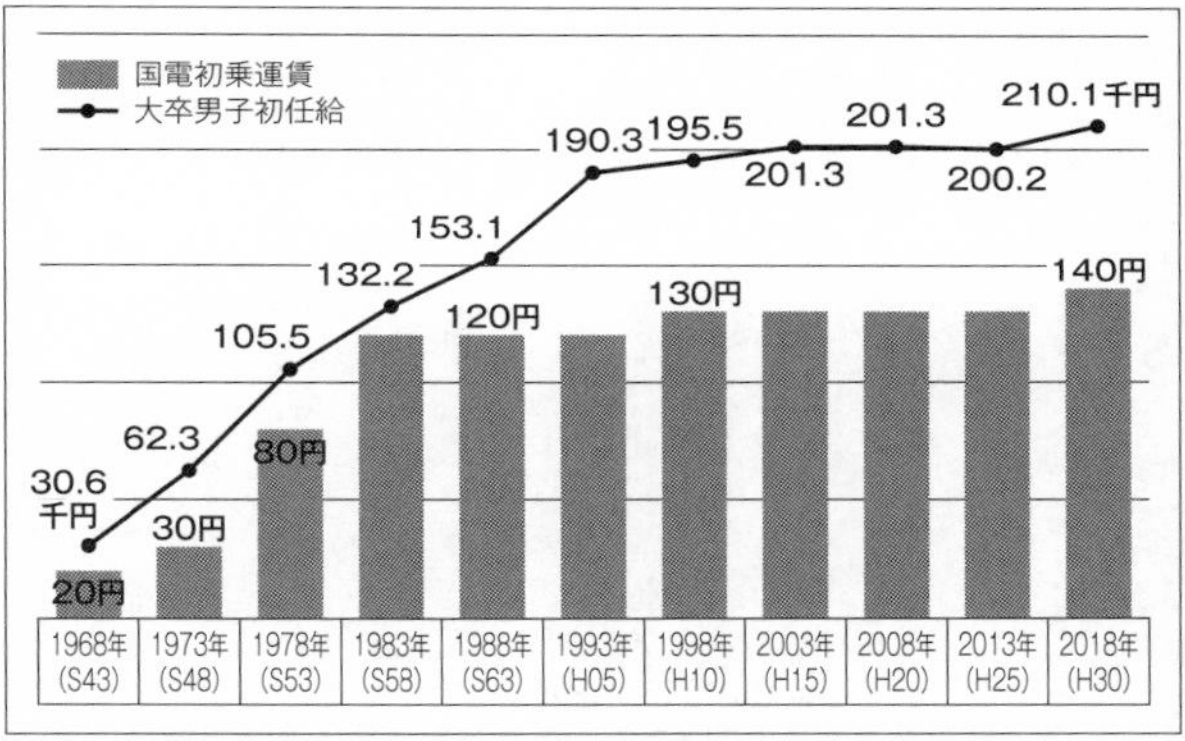

大卒男子初任給：厚生労働省ＨＰ及び昭和国勢総覧（東洋経済新報社）より
国電初乗り運賃：『国鉄乗車券類大事典』（ＪＴＢ）より

図４-１　大卒男子初任給と国電初乗り運賃の推移

国のなかでは、税負担が低く、当時の望ましい人口構造のもとで、軍事費の負担が少ないことは別にしても、この国の経済モデルは他の先進主要国からは羨ましがられていた。

もちろん当時でも冷静に先を見ていた人はいたと思う。経済学者や経済官僚など、ベビーブームの終わりとともに将来の人口構造の変化などは容易に想像できたはずだし、このラッキーな成長モデルがいつまでも続くわけがないと思っていた人は少なからずいたと思う。しかしそれを口に出すことは当時の「空気」ではできなかったのかも知れない。

そしてバブルが始まったのが実際はこの頃（85年頃）からだと思う。国民は夢がまだまだ続くものと有頂天になり、海外に出かけ強い円のおかげで高額商品を買い漁った人も多かった。それまで堅実な成長を遂げていた企業の中には、同じ成長をキープしようと前年同期比といった数字が経営者や従業員を縛るところも出てきた。コンビニや外食をはじめとするチェーン店が急激に全国各地に広がったが、需要があるかどうかよりも、企業は規模を拡大し続けることを前提とするビジネスモデルになっていて、それを維持するために新店を出し続けていた。

しかし新規分野への進出や店舗数拡大はまだしも、余剰資金でマネーゲームに手をだし、中には成長が続いているように装い粉飾に手を染めるところも出てきた。一方でＩＴ関連の技術革新がさらに進んだが、もうこの頃からは実産業の生産性向上に寄与したというよりは、ＩＴを使った新しい架空の世界を作りだしたと言える。それはゲームであり、ＳＮＳだった。

バブルは90年頃まで続き、日経平均株価3万8915円（1989年）という最高値をつけた。そして大量の不良債権が積み上がった。これを止めるべく日銀が金利や数量規制でバブル解消を止めにかかった。これがハード過ぎてその後30年続く不況の原因となったという説もあるが、筆者はそれが厳しかったからとかどうかではなく、経済基盤が大きく変わったのが原因だったと思う。日本経済が第一幕から二幕に移る間の幕間の喜劇、ドタバタ劇だった。

2・無風状態の平成

そして第二幕、舞台装置や照明は一転した。日本を取り巻く環境が大きく変わった。昭和の後半でラッキーだったことがことごとくなくなった。すなわち「つき」から見放されたのである。

（1）人口構造が変化した。特に少子高齢化が始まり、それが加速した

（2）労働力の移転がなくなり、生産性が向上せず、所得向上の源がなくなった

（3）東京一極集中が進むとともに、地方の過疎化、衰退化が加速した

（4）製造業の海外移転による国内産業の空洞化が進んだ

（5）技術革新が進まず、買いたくなるような新商品が現れなくなった

（6）子供が親よりも豊かになるという夢を持たなくなった

このなかでも（6）の夢がなくなったということが最も大きいと思うが、一言でいえば国民の購買意欲が減退したということだと思う。もっと楽しい思いをしたいとか、良いものを買いたいといった意欲、モチベーションが減ったのである。それでも政府や日銀は、経済の成長を取り戻そうとして、低金利とか量的緩和といった金融政策を多用した。条件が変わったので金融政策以外に策がなかった、というのが正直なところだったのかも知れない。

一方で公共投資もなされていたが、多くの人にとって買いたいものがない、お金を使う対象がない、という状態が続いたのだから消費が伸びず貯蓄ばかりが増えた。つまり経済の活性化にはつながらなかったのだ。効果は表れず、物価も上がらないという状態が続いた。公共料金などはほとんど変わっていない。そしてそれが常態になり、適温経済などと言われ程よい感じの経済状態だとさえ言われていた。

そしてさらに、財政赤字が拡大し、対GDP比では先進主要国の中でダントツの最悪状態になった。それでも自国通貨で借金（国債発行）ができる限り多額の借金をしても国家は破綻しないというMMT（現代貨幣理論）論が出てくるなど、心配感が薄らいでいるように思えてならなかった。

破綻とは企業の場合は、手形が落とせなくなるとか、従業員に賃金を払えなるときのことであり、地方自治体も同様で、夕張市などが破綻状態になり国家管理になった。しかし国の場合は、そのような破綻ということはなく、自国通貨を自分で印刷し発行し、その金で国債を発行している限り、公務員に給料を払い続けることはできる。MMT論者は「破綻さえしなければいいじゃないか」と言っているように聞こえるが、筆者はもうすでに日本は実質的には破綻状態になったと思っている。

例えば、1980年ごろに社会人となった現在60歳前後の人の年金の給付開始時期や金額などは、当時暗に約束されていたものが果たされていない。また教育や研究開発機関などへの助成金をはじめとする国力を高めるための投資などは年々減額されていて、海外大学への留学者数や引用されている論文数などは中国や韓国にも遅れをとっていて、教育にも金をかけない国になってきている。


日本の国力がかなり落ちていることは、2000年にはノルウェー、スイスに次いで世界で3位だった1人当たりGNI（国民総所得）が2017年には22位に落ちたことで端的に表れている。それ以外の指標からも国力が落ちていることを示すには枚挙に暇がない（図4-2）。

さらに日本の戦略産業と言われてきたものがひとつずつ他国の後塵を拝すようになってきている。かつては世界の最先端を走っていた通信技術の分野でも、5G化に向けての基地局用の機器などほとんど蚊帳《かや》の外と言っても良いくらいだ。中国の

2017年1人当たりＧＮＩ（国民総所得）順位

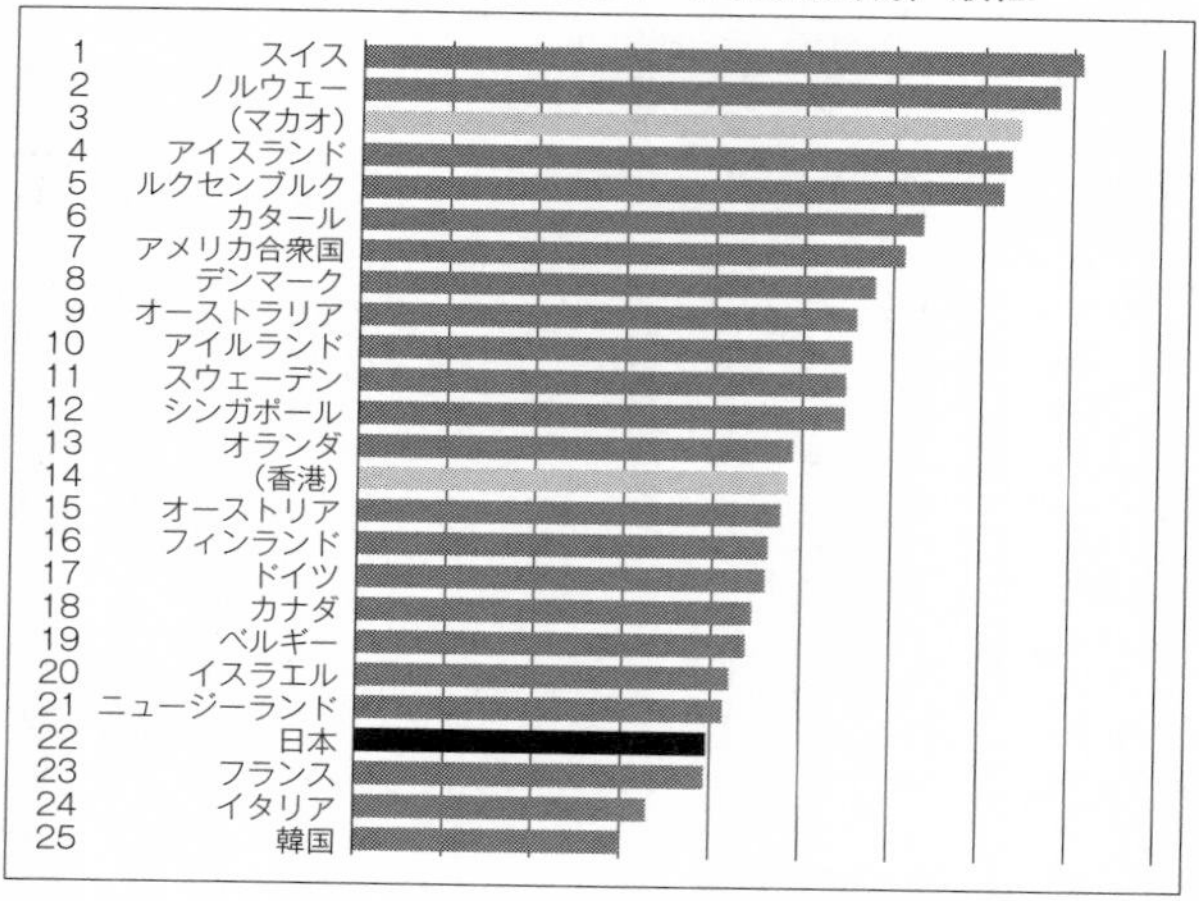

1人当たりＧＮＩ（国民総所得）国別推移

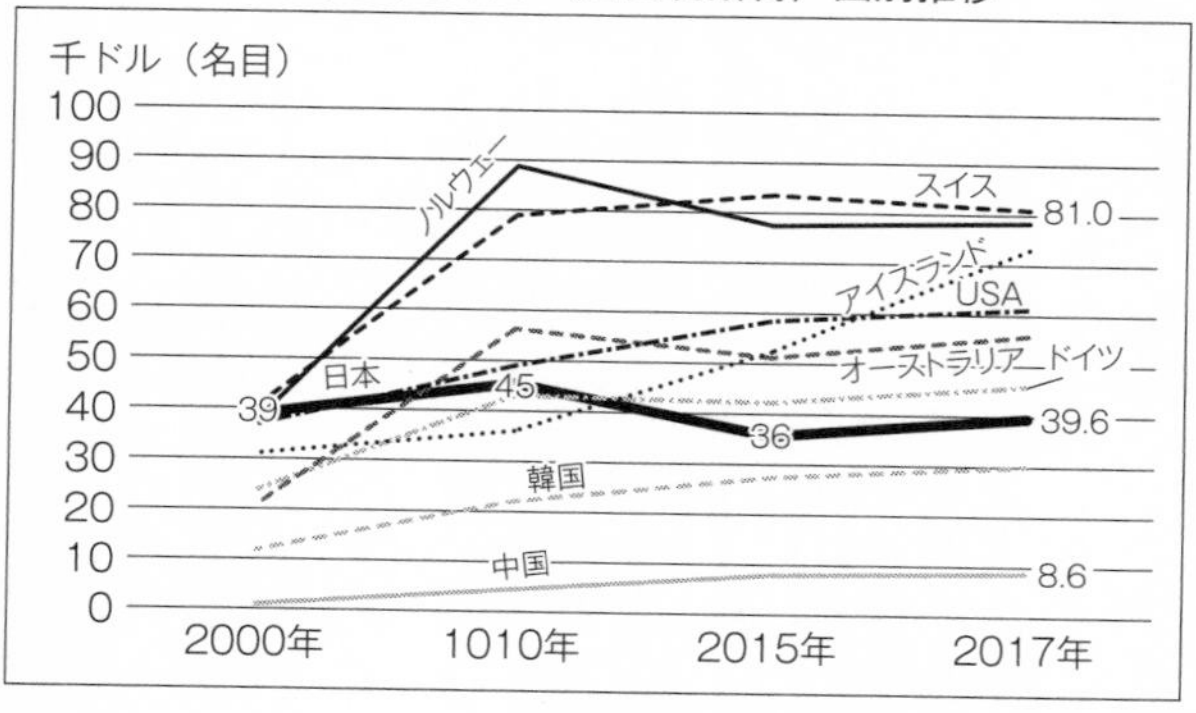

世界国勢図絵2019/2020より数字を入手し作成

図4-2

ファーウェイのほか、スウェーデンのエリクソンやフィンランドのノキアなど国の戦略産業を担う企業が占めている。筆者がサラリーマンになりたての頃コンピューターの分野で、当時の通産省が国産メーカーを保護育成し日本における米国ＩＢＭの独占を防いだ。日本ＩＢＭに勤めていた筆者には、国の資金援助とリーダーシップの凄さを思い知らされたものだが、逆に今でもそのくらいのことをすれば、戦略産業のいくつかを残すことができたのではないかと思う。

ＭＭＴ論に従えば、金が足りなければ戦略部門への補助などいくらでも国債発行で行えば良かったのではなかったのか。しかしそれをしてこなかったということは、ＭＭＴが万能ではなく、単にジリ貧の期間を延ばすだけの手段に過ぎなかったからではないか。消費税増税などを含む真に必要な改革のための議論を封じるための方便だったとしたら、平成の30年を無駄に過ごしてきたように思う。

これらを含め平成は失われた30年と言われているが、何もしなかった30年と言うよりも、無風の時に帆を上げても船が進まないようなものだった。この間の政策の誤りを突く書物など多くを読んだが、こういう時は何をしても効果がでない、そういう時代だったのだと筆者は思っている。

3：令和　逆風に帆を張って新しい夢に向かおう

平成末期から令和にかけて、今度は逆風が吹き始めている。でも、逆風でも上手く操船すれば船は前進できるはずなので、風が吹かないよりは良い。前進するためには、逆風をうまく利用するように帆を張ることである。

逆風とは人口減少の激化であり、それに伴い経済活動の足を引っ張る空き家など不良資産の急激な増加を含む高度成長期に造った大量のインフラの劣化であり、自然災害の多発である。東日本大震災の記憶もまだ消えることのないここ数年、毎年のように日本のどこかで記録的な豪雨による洪水災害が発生しているし、南海トラフの大地震も刻々と近づいている。そこへもってきて今回のコロナ禍である。これらに対する国や地方自治体の対応には多くの課題が生じ、さらにそのための財政負担も増し、すでに先進主要国中最悪となっている財政状況をさらに悪化させている。
また行政改革の名のもとに役所などのスリム化が進んだ結果、自然災害時などの対応が問題視されて来ている。本来はそのようなときのための余裕人員を考えある程度の冗長性《リダンダンシー》をもたせておくべきだったのが、これも財政上の理由から極限までカットされてしまった。もっともこれは財政事情だけではなく、役所の非効率な制度や仕事ぶりを叩くことで「受け」を狙ったメディアや一部議員のポピュリズム的な言動に国民が乗せられたという面もないではない。なんでもカットさえすれば良いものではなく、本当に必要なものはきちんと、余力も含めて確保しておかなければならない。本来ならば行政側がそれを強く訴え続けなければいけなかったのだが、そのようなポピュリズムに役所側が委縮して、言いたいことも言えない状態になっていたということもあったのかと思う。

経済の不振は、それが財政の実質的破綻につながり、そうなると新しいことが何もできなくなり、ますます世界から遅れることになる。貧すれば鈍するであり、国民との信頼関係も失われる。河川改修や堤防のかさ上げなどに使う国の治水予算は2000年度ごろまでは年1・3兆円程度に達することもあったのに対し、現在は1兆円を下回る水準にとどまっている。それなのに自然災害は増えてきている。

何をするにも金が要るのであり、その金は本来は国民が負担するものである。それなのに政府も野党もメディアも国民負担のことを言わない。今回の特別給付金10万円だってただでもらえるわけではなく、いつかは国民にはね返ってくることを誰も言わない。財政とは国民が自らの所得の一部を公共サービスに回しているものだ。このことを曖昧にして国際的に最低水準の税負担のまま赤字財政を続けたツケが、国際的にも歴史的にも最悪の政府債務（昨年度末1115兆円）となっている。

いつの時代も負担増は不人気策である。それを政治家が声高に唱えるには勇気がいるが、国民もそろそろ目が覚めないといけない。国も言いにくいことを言おう。国民もきちんと聞く耳を持とう。

筆者が提案するプロジェクトは、インフラの劣化と自然災害増加という逆風を逆手に取るものである。上手く進めば、ニュータウンと言われていたところが再び活況を呈し、中には人が羨むスマートシティになるところも出てくるかも知れない。そうなると国民の多くがそういう生活に憧れ、新々三種の神器を持ちたくなる。それは新しいテクノロジーにもとづく蓄電つきのソーラー発電、自動運転機能をもつEV、家事支援ロボットかも知れないし、他のものになるのかも知れない。しかしそれにより新しい商品の機能がどんどん向上し、それを買いたいという夢を皆がもつ。そうなることを期待するのである。

昭和の後半、高度成長期は、来年はもっと良くなる、両親よりも豊かになれる、というような夢があった。平成にはそれがなかった。令和も再び夢が持てる時代になってほしい。いろいろと山積する問題をうまく片付ければそうなるかも知れない。不人気でもなんでも、先送りはやめよう。きちんとやるべきことをやろう。逆風ではあるが風が吹きはじめたのである。うまく操船すれば船は先に進む。そのうちにまた「つき」が戻って来て順風に変わるかも知れないのだ。

反対意見に対して

筆者の提案は、既存の常識からはずれた突飛なものだと思う人が多いだろう。だから多くの反対意見が出てくると思う。それらは以下のようなものではないだろうか。

①自然災害が今後も続くと言い切れるのか

②日本の人口が今後も減り続けると言い切れるのか。また増えてきたときには住宅不足になる

これらは、厳密にいえば今は科学的に立証できないものである。個人の見解の相違ということだと思うが、もしこのように言う人が半数以上であり、それが世の中の主流意見であるのなら、筆者は提案を取り下げる。

③居住の自由を奪って人を強制的に移住させるというのは憲法違反である

④先祖代々住み続けた家から離れたくない。自然災害で死ねれば本望である

⑤見知らぬところに住むのは嫌だ。新しい人間関係を構築できない

⑥東京にいないと仕事ができない。人材も集まらない。大学も東京にないと学生が集まらない

世の中の多くの人は転勤など仕事の関係で好むと好まざるとにかかわらず移住をさせられている。そしてそれに我慢している。災害の危機から逃れるということは「それを行わなければならないやむを得ない理由」であるとして我慢していただく他はない。それを国が丁寧に説得するしかないだろう。憲法違反かどうかは、これの関連法を制定するときに国会等でしっかり議論してほしい。

⑦消費税アップはいかなる理由でも反対だ。国債で賄うべきだ

このプロジェクトだけに限れば借金（国債発行）で行っても良いのかも知れないと、筆者は正直なところ思っている。なぜならばそれ以上の経済効果を生む可能性があるからだ。しかし将来の日本は、いずれは消費税のさらなる増額をせざるを得ないと考えており、それならばこういうときに、目的をはっきりさせそれを行った方が国民の理解が得やすい、と考えるのである。

⑧これを推進する組織などできるわけがないし人材もない

⑨健全な不動産マーケットを侵すことになる

⑩必ず不正や詐欺を働く者が出てくる

⑪国にさせることにより、中央集権化、国家統制化が進み戦前の日本に戻る

これは筆者も最も心配しているところである。でもそういうことを十分認識した上で制度設計をすることしかないのではないかと思う。

⑫この考えや方式が真にベストなのか、代替案はないのか

これについては筆者も自信がない。しかし自然災害対応と空き家対策を同時に解決する妙案は他には思い当たらない。本当に良い別の策があれば、ぜひそれで進めてほしい。何もしないで災害が起きないことだけを期待しこのままにしておくことだけは

避けてほしい。

筆者は75年の生涯で大きな災害を体験したことがない。筆者の両親の世代は戦争による空襲や関東大震災を経験している。その後の阪神淡路大地震や東日本大震災も近くにはいなかった。このまま死ねば、災害からは無縁だった実にラッキーな人生を送ったということになる。そんな筆者が、自然災害を語っても説得力がないことは重々承知しているが、その恐れだけは人語に落ちないと自認している。だからこういう提案をすることを許していただけると思っている。

おわりに

筆者は１９８６年（昭和61年）、41歳のときに当時全国３２５９の市区町村すべての役所・役場に公共交通機関のみで行くことにチャレンジし、あしかけ30年、２０１５年70歳でそれを達成した。平成の合併があり、現在の市区町村数は１７４２となったが、合併で支所や出張所などになったところを含め当初めざした３２５９市区町村すべてに行った。うち７か所だけは公共交通機関がなく、徒歩やタクシー、レンタカーを利用した。なお市区町村のなかには東京の23区も含めている。選挙で選ばれる首長と議会のある基礎的自治体に行くことにしたからだ。

その過程で筆者が強く感じたのは、日本は広い、でもこの広い国土をうまく活用していないということだった。土地はいくらでもある、食糧や木材など輸入に頼らずにいくらでも国内で調達できるはずなのに、なぜそうしないのだろう、という素朴な疑問がずっと残ったままだった。そしてコンパクトシティ化と、遠隔操作によるロボットで農業や林業、さらには漁業までを行うことが、人口減少が続く日本が国際競争の中で生き延びる唯一の道なのではないかと一人で空想をしていた。

コンパクトシティ化についてはもう20年以上前から言われ続けている。しかし富山市などごく一部で始めているものの十分なものとは言えないし、他所でも掛け声ばかりでなかなか進んでいない。多くの人が理念やその必要性を理解しているが、行動に移せない。

筆者がサラリーマン生活で知ったことは、顧客に「今それを必要とするやむを得ない理由」がない限りなかなか商売はできないということだった。無理にでもそういう理由を作って売るのが営業の技《わざ》などと言われたが、そんなことまでして売ってもトラブルなどを起こすことが多かった。商売に限らず、人を行動に駆り立てるものは「今それを必要とするやむを得ない理由」である。それがない限り、コンパクトシティ化をいくら叫んでも実現しない、何かそういう理由はないだろうか、とこれも空想を続けていた。

また筆者は２００８年、63歳のときから地域活動として今住んでいる住宅地と駅とを結ぶコミュニティバスの導入に携わった。こちらもあしかけ7年かけて導入にこぎつけたのだが、その間にも住宅地にどんどん空き家が増えて行くのが気になった。高度成長期に造成された首都圏郊外の新興住宅地、いわゆるニュータウンは、どこも住人の高齢化や第二世代の高層マンションへの移住などで人口が減っている。筆者の住む地域はコミュニティバスの運行により少しそれが止まったような気がするが、何もしていなければ住宅地がスカスカとなり、いずれは限界集落から住宅地の消滅といったこともありうると思った。

訪問者の目で全国市町村を見て、また生活者として自宅周辺を見た。この両方を知ることで、このままでは日本は全国どこも同じようにまちがスカスカになりその弊害がいたるところで現れる、それによる国の衰退は免れないと思い続けていたのである。

一方数年前から友人から紹介されボランティアの主宰する「資源セミナー」という勉強会に参加するようになった。毎月行われており、もう500回も続いている権威のあるもので、地形や測量関係の専門家によるわかりやすい話が多かった。門外漢の筆者にはそれこそ「目から鱗」の話ばかりだったが、特に自然災害や防災の話には毎回強烈な印象を受けた。そこへもってきて実際の自然災害がここ数年激しくなってきた。そして自分なりに、その被害から逃れるのは「被害の起きそうなところには住まない」ことしかないのでは、と思うに至った。「そうしたいと思っている人は大勢いる、でもそんなことは簡単にできない」というのが筆者の素朴な質問に対する専門家の皆さんの答えだった。

それならばこれと空き家の話を結びつければうまく行くのではないかと思った。自然災害リスクのある地域に住む人々にとって、移転しても不利益にならない方法が与えられれば多くの人が移転という行動に出るのではないだろうか。危険という「今それを必要とするやむを得ない理由」をもつ人々だからだ。移転先を今大量に存在する市街地の空き家にすれば、スカスカの弊害が解消される。そしてこれで国民の2~3割が引越しをすれば、戦後の高度成長期の地方から都会に人口が移動したのと同じ程度の大規模な移動となり、大きな経済波及効果が生まれる。一石三鳥の効果が狙える現代版ニューディール政策のようなものだと思ったのである。

でもそれは市区町村レベルではなく国直轄の事業でなければ成功しないと思った。国に余程のリーダーシップと行動力がなければならないし、巨大な資金を要する。今の国にそんな力があるのだろうか、また国が前面に出ることに対しそれを嫌う国民が多いことも事実だと思う。だから筆者にとっては、これも空想の域を越えないものだった。

そんな風に悶々としているところにコロナ禍が発生した。政府や自治体の対応の悪さに非難が集まっている。なかには他国との比較で政府のもっと強力な指導力やある程度の強制力を期待する向きも多い。しかしそれに乗って国民を巧みに誘導する政治技術を持つ者が現れると、独裁政治につながりかねないので余程の注意が必要だが、それでも政府や自治体の役割は大幅に変わらざるを得ない。

さらにコロナ終息後の新常態について、V字型回復を期待する向きもあるが、リモートワークによるこれまでとは違った勤務形態の一般化や、冠婚葬祭などの付き合いに無理に行くことが減るだろうから、交通流や宿泊、外食などは以前の水準には戻らないと思われる。それらを含めて大きなパラダイムシフトがあるに違いない。

今回のコロナ関連の大盤振る舞い、積極的な財政支出に対しての後始末は増税などいずれの形にせよ国民が負担することになるはずだ。誰もが漠然と考えてはいても、誰もこうした話をしないのは、政治家やマスコミが「いやなことは言わない」のと誰も聞きたくないからだ。しかし、我々が耳をふさいでいても厳しい現実はなくならない。心を開いて聞きたくない話にも耳を傾け、少しでもその厳しさを和らげる努力をすべきだ。政治家よりも先に、国民が賢くなるべきだ。

経済に限らず自然災害などの現状や問題点については識者による研究など多くを読ませていただいた。そして多くの提言はその通りと思うものばかりだった。しかしいずれもこうあるべきだということまでで、では誰が何をすべきであるかについての、組織体や固有名詞をあげての具体的な提言には接していない。筆者は問題の特定や解決策を語る段階はもう過ぎていると思っている。だから今や必要なのは、誰が何をするかである。

そこで筆者の案を世に投げてみることにしたのである。誰が、については特定の固有名詞を示すほどの知見を筆者は有していないが、それを専門に行う新組織を作ることにすれば誰かが出てくると期待している。そして「東京の江東5区を湿原にする」という、イメージの描きやすい政策を中心に提案することにした。こんなことは専門家から見れば非常識でとんでもないことかも知れないが、逆に筆者のような素人しか言えないことではないのかと思うのである。

学者でも官僚でも政治家でも経済人でもないアマチュアの一介のサラリーマン退職者である筆者の案など、学術的に見て穴だらけかも知れないが、この方法しかなく、しかも今がこれを行う最後のチャンスだという確信を、今年から後期高齢者となりもうあまり先の長くない筆者が持ったのである。そして少しでも多くの人に知っていただきたく、本書を出すことにしたのである。

「いやなことは言いたくない」政治家やマスコミも、こういう話ならば「言いやすい」ということになるのではないかとの期待もある。でもポピュリズムに乗せられずに最終的に判断するのは国民である。そういう判断力を国民が失っていないことを期待しつつ出版するのである。

この出版に際しては多くの皆さんからご教示をいただいた。とくに日本総研の藻谷浩介さんとは、市町村役場巡りの途中で同じようなことを目指していたことから知遇を得、その後数々のご著作、講演、会合を通じてその思想に共鳴させられるとともに、本書の出版に際し数々のアドバイスをいただくことができた。そのほかにも地理の会、資源セミナー、交通基本フォーラムなどの先輩諸氏から多くを教えていただいた。出版に際し心よりお礼を申し上げる次第である。

解説

地域エコノミスト　藻谷浩介《もたにこうすけ》

政治家やマスコミは「いやなことは言わない」。それに誰も「いやなことは聞きたくない」。本書の著者である児井《こい》正臣さんが「おわりに」に書いている通りだ。

それどころではない。「いやなことを言ったり聞いたりしなければ、実際にもいやなことは起きないだろう」というような、まるで万葉時代の言霊《ことだま》信仰のような考えが、令和の時代の日本にも綿々と生き続けているのではないか。さらには、起きてしまったことにまでなるべく言及しないことで、「何も起きなかったことにしてしまえる」という発想すらあるように思う。

原発廃止論はあっても、「東京湿原造成論」はなかった

「いやなことを言わない」でいるうちに起きてしまった、しかも「起きてしまったことを言わない」ことによって、頭の中でなかったことにさせられかけている、そんな大事件の典型が、2011年3月に起きた福島第一原発の事故だろう。「原発は絶対に安全だ」と言い続けた末に発生したのも象徴的だし、現在では報道が大幅に減ったので、もしかして問題は解決したと勘違いしている人もいるかもしれない。しかし現地には、人間が立ち入れないほど汚染された設備がそのまま残り、汚染水を貯めたタンクがその周囲に日々増えている。人の住めなくなった土地、戻ってこない土地も、広大に残っている。「言わなければ解決する」などということは、この世にはないのだ。

だがそれでも、福島事故のずっと前から、「原発は廃止すべきだ」という議論はあったし、数多《あまた》の本も出ていた。ただ、そうした議論が、多くの人に無視されただけのことである。原発に直接利害関係のある人だけでなく、一般大衆までが耳を貸さなかったのは、繰り返しになるが「いやなことを言ったり聞いたりしなければ、実際にもいやなことは起きないだろう」との言霊信仰によるところが大きいだろう。とはいえ少

なくとも、「正しく警告する人は存在していた」という事実は、書物の世界に残っている。正しい議論はあったが、正しく耳を貸す人が少なかったのである。

それではこの本で著者が展開する、「東京の東部5区は、江戸開府以前がそうであったように、湿原（遊水地）に戻した方がよい」という議論は、どうだろうか。あるいは「空き家を国有にしていって、それを新規に住宅を求める人に適価で売っていくべきである」という発想をどう思うか。

どちらも、「天下の大暴論」というような見出しで特集を張る週刊誌においてすら、ついぞ見かけたことがないほど「過激」な意見だ。とはいえ、心の中で同じようなことを、絵空事の理想論であったとしても考えている人というのは、それなりに多いのではないかと思う。つまり考えている人はいるが、まだ活字にされていないし、公論の舞台に載っていない。議論のタタキ台が存在していない状態なのだ。敢えて口にするだけの勇気のある人が、これまではいなかったといってもよい。

ところで冷静に考えてみれば、東京の下町で近未来に未曽有の水害が発生するリスクは、原発事故が日本のどこかで新たに発生するリスクよりも、ずっと高いだろう。

ネットで一部が騒いでいるような、「外国が日本の有人領土を侵略してくる」というような事態よりも、普通に考えてはるかに起きる確率が高い。2019年の水害では、「あと50㎝で水が堤防を越えていた」というような場所もあったという。今年（2021年）の台風シーズンに、それ以上のことが起きても不思議はないのだ。

そういう事態になったときに、我々日本人は、「でも誰も、どうすべきなのか対案を出していませんでしたよね」と言い逃れるのだろうか。そんな言い訳が通用するようなら、日本はあまりにも迂闊《うかつ》な社会であるというそしりを免れまい。少なくとも誰かが、暴論と言われようが極論と言われようが、問題の本質をずばりと突いて、議論のタタキ台を提供しておくべきなのだ。最初の一石を投じるべきなのだ。

そのように感じていた時に、「こういう本を出したいのだが」とご相談くださったのが、児井さんだった。

温厚な退職紳士が提示する冷静客観な「暴論」

児井さんは、本書中で「湿原化すべし」との提言の対象となっている江戸川区で、

22年間もの若者時代を過ごし、その後に在京の大企業に勤務して退職された、たいへんに温厚な紳士である。

地域エコノミストを名乗る私は、「平成合併前にあった3200余りの市町村の、すべてを自腹で訪れた」というのをうたい文句にしている。その多くは自転車で通ったり、少なくとも足を下ろしたりしているのだが、中には鉄道やレンタカーで通過しただけの場所もある。これに対して児井さんは、企業勤めの傍ら、同じく3200余りの市町村のすべての役場を、公共交通機関を使って訪問した、恐らく唯一の方だ。日本には、バスが1日に2往復しか行かない村もある。バスを待っているより、1～2時間歩いて行った方が早い公共交通過疎地も、どんどん増えている。だから児井さんの達成されたことは、私ごときとはレベルも深みも違う。意地や根気だけでできることではない。東京含む日本の津々浦々と、そこに住まう人たちに対してフラットに、とても強い好奇心と愛情を持っていなければ、やろうとも思わないことだ。

言い換えれば児井さんは、市井の人の営みに対して、暖かいまなざしを持っている。民族をヒョイヒョイと強制移動させたスターリンのように、右から左に人を動かせるなどとは考えていない。であるにもかかわらず、その彼は私に、「東京の東半分は湿原にし、広島市の斜面造成地は無人化せよ」というような提言を出版したいと、相談して来られた。

内心で「困ったことになった」と感じたのはもちろんである。ましてや私は多年の広島カープファンで、広島市には知り合いもたいへんに多いのだ。ということでお話を聞きながら最初のうちは、どのタイミングで「そんな暴論を出したら、たいへんなことになりますよ。おやめなさい」と言うかを考えていた。しかしその時点までに書かれていた文章を拝見して、その冷静な書きぶり、客観的な数字を多用した簡潔な提言に、「ぐぐぐぐいっ」とばかりに押し込まれたのである。

それは久々に感じる、いやもっと言えば初めて感じたといってもよい、新鮮な体験だった。ネットを埋め尽くす論説に共通して存在する煽《あお》り、高ぶり、あるいは驕《おご》りが、その文体にはまったくなかった。75歳を超える著者の実年齢を感じさせるような老獪《ろうかい》さ、知識のひけらかし、上から目線での教訓の押し付けなども、どこにもない。まるで若者が書いたような素直さと、ビジネス経験の乏しい若者には到底書けないであろう簡潔にして要点を得た書きぶりに、私はうならされたのである。まるで社内文書のように冷静客観で、エビデンスを伴った議論が、そこでは展開されていたのだ。「わかりました。いろいろ言われるでしょうが、少なくともここで、世の中にこうして一石を投じておくことは大事です」と、私は口にしていた。

本書を世に問う意義、本書を手に取るあなたへの意義

終戦直後に7200万人だった日本の人口が、その後5000万人以上も増加した戦後半世紀の間に、それまで人の住まなかった場所での都市開発が進められた。その中には、地盤が固い丘陵地もあったが、かつては遊水地機能を果たしていた湿地や、土砂災害に襲われやすい傾斜地なども多くあった。人口の増加がほぼ止まって、ゆっくり減少に転じ始めた平成の30年間にも、新規の住宅供給は続けられ、その傍らで800万軒以上（別荘を除く）の空き家が出現した。

空き家は、もはや地方の問題ではなく都会の問題である。というのも日本の空き家の1割にあたる80万軒は、ほかならぬ東京都内に存在している。神奈川・埼玉・千葉

県を合わせた首都圏一都三県全体となると、200万軒だ。とりわけ高度成長期に丘陵地で造成の進められた「ニュータウン」には、住人の加齢に伴う転居や死亡で、空いてしまった家が多い。

片や、洪水の大きな危険にさらされている低地に数百万人が住み、片や台地上や丘陵地に100万軒を超える空き家がある。首都圏におけるこのミスマッチを解消できないか。この問題意識をストレートに世に問うたのが、本書である。

開いてみれば、そのあまりに直截な記述に驚かれる方も多いかもしれない。「人の財産権や居住権を否定するのか」と腹を立てる方もおられよう。だが筆者は、「財産権や居住権を侵害するのは、人間ではなくて天災です。その襲来の前に、安全な場所へと極力負担のない形で住み替えをできるようにするというのであれば、それは財産権や居住権の侵害ではなくて、むしろ保障なのではないですか」と答えるのではないか。

実際にも東日本震災の津波被災地では、過去数百年も続いて来た人の営みが途絶え、場所を移しての再建を余儀なくされた事例が続出した。自然の力は、人間のさまざまな活動と思いを、場合によっては一蹴してしまうほどすさまじいものなのだ。同じ力が、いつ何時、都下の人口密集地に対して行使されないとも限らない。日本列島に住まうものとして、そうしたことへの覚悟と、対処方針は持っておかねばならないと、筆者は指摘するのである。

他方で、江戸開府以来数百年も続いて来た下町の、文化や伝統をどう考えるのかといった問題もある。そこで事業を営む人の権利をどうするのか。生まれ育った人の想い出をどうするのか。築き上げてきたインフラはどうするのか。仮に町を撤退するのであれば、発生する膨大な廃棄物はどうするのか。同じ空き家の所有者でも、丘陵地の空き家の所有者は得をして、低地の空き家の所有者は損を甘受することになるが、それは不公平ではないのか。筆者は膨大な資金需要を消費税増税で賄うべきだとするが、そもそも消費税増税などいかなる理由でもすべきでない、と言い出す人も多かろう。

言い出せばきりがない論点がある。そうした議論の結果として、「天災リスクを甘受してでも、今の場所で守るものは守る」という決断が出てくるかもしれない。

だがそうした議論を巻き起こすための、最初の一石を投ずるというところにこそ、正に本書の意味がある。拙速でも生煮えでも、とにかく事実をストレートに示し、考えてもらう。議論のきっかけにしてもらう。その結果、国策としての決定には至らずとも、個人個人のレベルでは、低地から高台に移住する人が増えるかもしれない。過密都市から、過疎ならぬ〝適疎〟な田舎へと、移住する人も増えるかもしれない。私がこの本を世に出すことにささやかながらご協力したいと考えたのも、そういう理由だ。この本の呼びかけている対象は、読んでの通り一義的には国家機関だが、実際にメッセージを受け取って考えて、できる範囲で行動すべきは、国民の一人一人であるとも言えるのである。

無風よりも逆風の方が、前進する力となりうる

終戦の年に生まれ、戦後をＩＴ企業の営業職として生きてきた児井さんは、高度成長の果実を存分に受け取った世代の一人でもあった。そして本書の終盤で、「危険な場所から安全な場所への移住の促進で、日本の経済を蘇らせよう」と主張する。

しかし彼は、単純に「高度成長よ、もう一度」と唱えているのではない。最近流行りのMMT（新貨幣論）論者のように、「国債を無制限に発行して経済対策をすれば万事ＯＫ」といった、カルト教団の主張のようなことを言っているのでもない。国債発行も貨幣発行も同じく政府による借用書発行であり、これが通用するのは、借用書を見て財産を預けてくれる人がいる間に限られる。今の日本のように経常収支黒字で国内にお金が余っているか、あるいは米国のように大赤字でも基軸通貨を持つがゆえに海外に国債を売ることができるか、どちらかでしかその状態は続けられない。ジンバブエやベネズエラや北朝鮮のように、国際収支も赤字で海外からも信用されなければ、通貨も国債も受け取る者はいなくなり、際限なきインフレが進行する。そうした事態に陥らないように、日本は外貨を稼ぎ続けられる国でなければならず、技術力を維持更新しつつ、社会の存立基盤を壊しかねない首都圏での天災のリスクを下げていかねばならない。

人口の著しい増加に伴う、粗製濫造の都市開発で経済を押し上げたのが昭和時代だったとすれば、人口減少時代にふさわしい居住地の再編と高度化で、安心安全を増しつつ経済も成長させるのが令和時代であると、筆者は指摘している。東京の東部を本当に湿地帯にするのか、本当に広島市の人口を半減させるのか、そういった個々の提言の是非とは別に、日本経済の未来を照らすもっと大きな骨格的思考として、この時代認識を受け止めるべきではないか。

高度成長期の終わりとともに日本経済には、バブルまでのような順風は吹かなくなった。平成の間はいわば無風であり、緩慢な停滞と、水面下での衰退要因の蓄積が続いた。そして今後は、人口の本格的な減少や天災の常習的来襲、技術力の衰退など、むしろ逆風が予想できる。だが彼は指摘する。逆風の時代こそ、やりようによっては無風のときよりも、ことを動かすチャンスが大きくなるのだと。膝を打つべき慧眼だ。

天災の襲来という逆風を逆手にとって国内移住を促進し、自然エネルギー技術や交通システムを盛り込んだスマートシティを構築する。それにより内需を喚起し、貯蓄の投資を促進する。そのような方向性であれば、膨大な公共投資を回収できるだけの経済的リターンはあるのではないかとの指摘に、筆者の冷静な経済感覚を見ることができるだろう。

本書の終盤に展開される、このような大きな議論を踏まえて、本書が理解され、その提言が多くの人の口にのぼることを期待したい。紛糾も、糾弾も、炎上も、個人への人格攻撃ではない健全な範囲で行われるのであれば、大いに結構である。冒頭に戻るが、無視され、語られず、問題を放置することが、いざという際の被害を最大化するのであり、反対の激論が巻き起こることはむしろ、個人個人が自分の身を守る行動を喚起するかもしれない。無風よりは逆風の方がチャンスなのだ。

首都圏を洪水、噴火、地震などの予想された災害が実際に襲う近未来。その際に本書が読み直され、「こういう提言はとっくに出ていたよね」と言われること。これが私のまずもっての願いである。「こういう提言も活かして、ある程度対処ができていたよね」と言われるのであればなおよい。「この本のおかげで、自分は助かった」「わが社は無事に済んだ」という人や会社が少しでも増えてほしい。

一時代を生き切った世代が、後の世代に遺さんとして書いた本書。筆者より19年若輩の私も、その志を受け止めねばならない。この先に、はるかに多くの議論と実践が積み重なっていくであろうことを、信じ願っている。

著者略歴

児井 正臣（こい まさおみ）

1945年１月19日 横浜市で生まれる。
1963年３月　東京都立両国高校を卒業。
1968年３月　慶応義塾大学商学部を卒業（ゼミは交通経済学）。
1968年４月　日本アイ・ビー・エム株式会社に入社。
1991年12月　一般旅行業務取扱主任者主任補の資格を独学で取得。
2004年12月　日本アイ・ビー・エム株式会社を定年退職、その後６年間同社の社員研修講師を非常勤で勤める。
2015年９月　公共交通機関による全国4259市町村役所・役場めぐり達成。

著書『地理が面白い―公共交通機関による全国市町村役所・役場めぐりの旅』（2005年・近代文芸社）、『ヨーロッパ各停列車で行くハイドンの旅』（2010年・幻冬舎ルネッサンス）

幻冬舎ルネッサンス新書 218

自《し》然《ぜん》災《さい》害《がい》と大《だい》移《い》住《じゅう》
——前《ぜん》代《だい》未《み》聞《もん》の防《ぼう》災《さい》プラン

2021年2月24日 第1刷発行

著 者 児井 正臣
発行人 久保田 貴幸

発行元 株式会社 幻冬舎メディアコンサルティング
〒151-0051 東京都渋谷区千駄ヶ谷4-9-7
電話 03-5411-6440（編集）

発売元 株式会社 幻冬舎
〒151-0051 東京都渋谷区千駄ヶ谷4-9-7
電話 03-5411-6222（営業）

ブックデザイン 田島照久
印刷・製本 中央精版印刷株式会社

検印廃止

Printed in Japan
ISBN 978-4-344-93285-2 C0295
幻冬舎メディアコンサルティングHP
http://www.gentosha-mc.com/